Harald Mertes
Neil Hollander

Der Koch
ist Kapitän

200 Rezepte gegen Hunger und Durst
für Skipper, Segler und Seemannsbräute
zu Wasser und zu Lande

EDITION MARITIM

CIP-Kurztitelaufnahme der Deutschen Bibliothek
Mertes, Harald:
Der Koch ist Kapitän: 200 Rezepte gegen Hunger u.
Durst für Skipper, Segler u. Seemannsbräute zu
Wasser u. zu Lande/Harald Mertes: Neil Hollan-
der. – Hamburg: Edition Maritim, 1985.
ISBN 3-922117-59-7
NE: Hollander, Neil:

© 1984 Edition Maritim
Stubbenhuk 10
2000 Hamburg 11

Fotos: Harald Mertes, Neil Hollander,
Otmar Dills (2), MGM/Culver City (1)

Illustrationen: Putty Köhler

Dosenherstellung: BMG, Braunschweig
Druck und Bindearbeiten: Parzeller, Fulda
3. Auflage/Printed in Germany 1990

Inhalt

Für Martha, Avelina, Irmela,
Christina, Yvonne, Heloisa
und Sabine, die uns vor dem Hungertod
bewahrten, während wir an diesem
Buch schrieben.

Prolog

» Von allen Büchern, die seit Menschengedenken mit Fleiß und Talent geschrieben wurden, sind nur die, die sich mit dem Kochen befassen, frei von Verdächtigung und Argwohn.

Jedem anderen Stück Prosa sollte man mißtrauen. Der Sinn eines Kochbuches hingegen ist einzig und unmißverständlich: Es soll die Menschen glücklicher machen.«

Joseph Conrad, Vorwort aus » Handbuch des Kochens«

Einleitung

Seit Jahrhunderten geistert die Vorstellung durch die Köpfe
dieser Welt, der Kapitän sei der erste und wichtigste Mann
an Bord. Ihm seien Hingabe und Verantwortung für Schiff und
Mannschaft von alters her aufgebürdet, er allein entscheide
über Wohl und Wehe seines schwimmenden Reiches und das
Gelingen einer jeden Seereise liege einzig und allein in seiner
Hand.

Endlich sind Zeit und Gelegenheit gekommen, diesen
Mythos aus Gesetz und Gewohnheit zu zerstören und frei und
offen die Wahrheit zu bekennen: DER KOCH IST KAPITÄN –
und er war es schon immer!

Der Kapitän gibt sich zwar immer noch als der allgewaltige
Befehlshaber, bewaffnet mit Sextant, Log, Tabellen und
Teleskop – den Insignien seines Standes. Er gefällt sich in der
Vorstellung, nur er kenne den Weg der Sterne, wisse um
Azimut, Deviation und Standlinien und vermöge allein den
Zug der Kraniche zu deuten. Doch die moderne Technologie
entthronte den alten Magier und sein Wissen um die Geheim-
nisse der Navigation und machte ihn zum einfachen
Handwerker.

Um von Punkt A nach B zu segeln, setzt der Kapitän heute
gerade noch Autopilot oder Windfahne. Dann wandern seine
Augen sehnsüchtig über den Horizont, und er beginnt, von
alten Zeiten zu träumen, da er noch Wichtiges zu tun hatte.
Derweil werkelt der Koch in der Kombüse und schafft nicht nur
das nächste Essen, sondern auch die spezielle Atmosphäre an
Bord, die so bedeutend und lebenswichtig ist für jede Seereise.

Seit jeher ist das Essen des Seemanns Kraftquell, seine Stärke,
seine Freude und sein Labsal. Und keiner weiß das besser als
der Koch. Als Leib- und Seelsorger wacht er über Stimmung
und Laune seiner Männer, und voller Verantwortung sorgt er
sich um das Wohl seines Schiffes.

Anders als der Kapitän, der den rangmäßigen Abstand zu

wahren pflegt, ist der Koch zutiefst verbunden und verknüpft mit allen Ereignissen an Bord. Beschwerden, Freude, Klatsch, Nöte, Geheimnisse und Streit – mit jeder Kleinigkeit kommt man vertrauensvoll zu ihm. Er ist der leibliche Vater des Schiffes und seiner Mannschaft. Er weiß um eines jeden Vorlieben und Abneigungen, kennt Stärken und Schwächen, und kaum einer verläßt ungetröstet die Kombüse. Zartfühlend sorgt er sich um die Nöte des Heimweh-, Liebes-, Land- und Seekranken, und mit dem ihm eigenen Fingerspitzengefühl nährt er einen jeden gesund, so als trimme er das Schiff.

Auf langen Überfahrten, wenn Tage ruhig und ereignislos verlaufen, Langeweile und Monotonie an Bord schleichen, ist er es, der das Schiff mit dem Geruch von Kuchen, Suppen und Soufflés zu neuem Leben erweckt und auch den letzten Mann in die Kombüse lockt.

Nicht ohne Stolz schweißt er mit Entschlossenheit und Mut seine Männer zu einer schier unbezwingbaren Mannschaft zusammen. Über Bergen aufgetischter Delikatessen löst er alltägliche Streitereien, und Freundschaften werden neu gefestigt. Und sollte einmal Gefahr im Verzuge sein – ein starker auflandiger Wind, ein schleppender Anker oder ein aufziehender Sturm –, wieder einmal mehr ist es der Koch, der genau weiß, wieviel Rum in eines jeden Grog gehört. Und spielen die Nerven hier und da dem Kapitän einen Streich, ist der Koch mit einem erfrischenden Kaffee und einigen tröstenden oder aufmunternden Worten zur Stelle.

Wo auch immer ein scharfgeschnittener Bug die unendlichen Wasser unbekannter Meere teilt, ein Koch ist immer im Dienst – voller Sorgfalt nährt und pflegt er seine Männer. Meist unbemerkt irgendwo im Hintergrund – weder Orden noch Ehrenzeichen zieren seine nicht immer weiße Uniform – bleibt er unbesungen in Dichtung und Prosa, doch jeder Seemann weiß: DER KOCH IST KAPITÄN.

Zu den Rezepten

Die Rezepte in diesem Buch wurden auf einer mehrjährigen Segelreise im Mittelmeer, im Atlantik, in der Karibik und im Pazifik gesammelt. Wenn immer sich eine Gelegenheit ergab, haben wir Köche und Kapitänsfrauen befragt, Tips und Ratschläge aufgeschrieben, unsere Nasen in Hafenkneipen gesteckt und Kochtöpfe auf Fischerbooten und Fahrtenyachten untersucht. Die Erkenntnis dieser jahrelangen Mühen war, daß der Koch der Kapitän ist.

Wie ein jeder weiß, sind Kapitäne immer noch nicht ausgestorben, und fast jedes Boot, das sich mutig und geschmeidig auf den Wellen der Ozeane wiegt, kann oder muß einen Kapitän sein eigen nennen. Der Kapitän ist schon von weitem auszumachen: er schreit am lautesten, gestikuliert am wildesten, sein Wortschatz ist kaum zu überbieten – und er arbeitet am wenigsten.

Auf unserem Boot waren sich die Leute nie so ganz sicher, und unzählige Male wurden wir gefragt: »Wer ist bei Euch denn eigentlich der Skipper?« Mit der Zeit spielte sich eine einfache und dennoch meist verwirrende Antwort ein: Wir sind nur zwei Köche – ohne Kapitän! Wenn das auch komisch und unwirklich klingen mag, so ist es dennoch die reine Wahrheit und nichts als die Wahrheit.

Ohne Kapitän gab es keine Befehlsverweigerung, keine Zwietracht, keinen Neid und keine Tyrannei – die weitverbreitete und ansteckende Kapitänskrankheit. Das bedeutete auf der anderen Seite beileibe nicht, daß es auf unserem Boot nicht auch Meinungsverschiedenheiten und Diskussionen gegeben hat – ganz im Gegenteil. Wie zwei Kapitäne an Bord kaum denkbar sind, so grenzt es an Wahnsinn, mit zwei Köchen zu segeln. Und so kam anfänglich immer wieder die gefährliche Frage auf den Kombüsentisch: »Wer ist der Chefkoch an Bord?« Wir fanden aber auch hier – als Ergebnis unseres demokratischen Bewußtseins – eine einfache und schlagende

11

Lösung: Wir wechselten uns ganz einfach ab! Ein weiterer Luxus oder eine weitere Freiheit, die sich Kapitäne bis zum heutigen Tage nicht leisten können. Jeden Tag hatte einer von uns das Privileg, Koch sein zu dürfen, während der andere unter kaum zumutbaren Arbeiten wie Navigieren und Segelsetzen leiden mußte.

Der »Koch des Tages« hatte am Abend zuvor seine Tageskarte mit drei Essen, Kaffee, Grog und Mitternachtshappen an der Kombüsenwand anzuschlagen. Am nächsten Morgen war dann für ihn der große Tag angebrochen. Vorbereiten, Kochen, Servieren, Abwaschen – all das gehörte zu seinen erstrebenswerten Pflichten. Um das »Kochniveau« noch zu heben, entwickelten wir folgende Regel: Sollte es dem Tageskoch etwa gelingen, ein völlig neues Gericht und einen passenden Namen zu erfinden, durfte er als Belohnung für einen einen weiteren Tag Koch bleiben.

Für ein Cruising-Boot mag das alles vielleicht ein wenig ungewohnt oder gar revolutionär klingen, doch bei uns hat es reibungslos geklappt, und das über fast 15 000 Meilen. Anstatt unsere Zeit mit Spleißen, Lackieren, Segelnähen und Bilgenschrubben zu vergeuden, haben wir unsere kreativen Talente gefördert und so fast jedes Essen der ganzen Reise genossen.

Das erklärt auch, daß viele Rezepte in diesem Buch unsere ureigene Erfindung sind. In der ersten Woche im Juli 1976 zum Beispiel lagen wir in einer Flaute bei 12° 42′ S, 110° 15′ W, also mitten im Pazifik. Laut Speiseplan sollte es zu Mittag »Pizza Napolitana« geben. Es waren aber noch Fliegende Fische vom Frühstück übrig, die wir nicht einfach wegwerfen wollten. So diskutierten wir stundenlang darüber, was nun geschehen sollte. Die Fliegenden Fische als Köder benutzen, sie in eine Marinade legen, Fischburger, Curry oder vielleicht eine Suppe daraus machen? Die Sonne stand schon fast im Zenit, als wir die Lösung fanden. Das Menu wurde ganz einfach geändert: aus »Pizza Napolitana« wurde »Fliegende-Fische-Pizza«. Wir waren so von unserer gutschmeckenden Erfindung angetan, daß wir fast jeden Tag »Fliegende-Fische-Pizza« zubereiteten.

Einige Wochen später – wir ankerten gerade in der wundervollen und von Robert Louis Stevenson so geliebten Lagune von Fakarawa – hing auf einmal ein 75 kg schwerer Hai an unserem Fall. Normalerweise hatten wir einen Vertrag auf Gegenseitigkeit mit diesen schnellen Schwimmern: wenn sie uns in Ruhe ließen, krümmten wir ihnen auch kein Haar bzw. keine Flosse. Doch dieser Zeitgenosse hielt sich nicht an die Abmachungen. Jedesmal, wenn wir einen zappelnden Tamuré am Haken hatten, zuckte ein schwarzer Schatten unter dem Boot hervor, und Leine und Fisch waren verloren. Wollten wir unser Menu einhalten und Tamurésteaks auftischen, so mußten wir erst einmal diesen Dieb aus dem Weg bzw. dem Wasser räumen. Er schien sich wie wir auf Leckerbissen zu verstehen, denn als wir einen Haihaken mit Fischkopf ins Wasser ließen, war es nur eine Frage von Sekunden, bis sich unser Freund einen Zahn ausgebissen hatte.

Viele Segler hatten uns erzählt, daß Haifleisch – viel zu labbrig und zäh – nicht gerade eine Delikatesse sei. Gebiß und Zähne könne man zwar für gutes Geld an Touristen verkaufen, aber das sei auch schon alles. Wir experimentierten trotzdem. Den ganzen Nachmittag verbrachten wir damit, Stews, Currys und Suppen auszuprobieren. Unser bestes Rezept war ein mariniertes Haifischsteak aus dem Schwanzteil des Fisches.

Häfen waren uns immer eine willkommene Fundgrube für Rezepte. In Port of Spain in Trinidad trafen wir einen gestandenen Einhandsegler, der fast jedes Mahl mit einem gehörigen Schuß Rum »aufzubessern« pflegte und sich sichtlich geschmeichelt fühlte, als wir ihn um einige seiner Spezialrezepte baten. Von ihm stammen die Anleitungen für »Rum und Bananen«, »Kanonen-Rumkugel« und »Poseidons Rumpfannkuchen. Sein Boot, sein Hund und er selbst hatten übrigens denselben Namen: Rummy!

In Bahia, Brasilien, besuchte uns der Koch eines deutschen Frachters. Als er von unserer Ratatouille gekostet hatte, machte er uns seine Rezepte »Kartoffelpuffer«, »Bauernfrühstück« und »Biersuppe« zum Geschenk.

Weiter im Süden, in La Boca, dem alten Hafenviertel von Buenos Aires, beschworen wir einen pensionierten Seekoch, der jetzt ein kleines Hafenrestaurant führt, uns zu verraten, wie er die berühmte argentinische Steaksauce »Chimichurri« herstellt.

Gelegentlich wurden uns auch Rezepte frei Haus bzw. frei Boot geliefert und mitunter auf recht ungewöhnliche Art und Weise. Wir hatten für ein paar Tage in Port Vendres festgemacht, als eines Morgens ein Gabelstapler, mit Kisten frischer Anschovis überladen, den Kai entlangraste. Als er an uns vorbeikam, geriet ein Rad in ein Schlagloch, die obersten Kisten schwankten hin und her, und mit Getöse ergoß sich eine Lawine Anschovis über unser Deck. »Was soll jetzt mit den ganzen Fischen werden?« fragten wir den Fahrer, als wir uns vom ersten Schock erholt hatten. »Das ist jetzt Euer Problem«, winkte und fuhr schmunzelnd weiter. Wir brieten eine Menge Fische zum Frühstück und Mittagessen, teilten die »Beute« mit anderen Seglern im Hafen, doch am Ende waren immer noch so viele übrig, daß man eine Sardinenfabrik hätte aufmachen können. Ein alter Fischer half uns schließlich aus der Verlegenheit. Er zeigte uns, wie man Anschovis nach einer althergebrachten Methode in einem Eimer einsalzen und für Monate haltbar machen kann.

Von Fischern haben wir eine Menge gelernt und ließen auch kaum eine Gelegenheit aus, mit ihnen aufs Meer zu fahren. In Spanien fischten wir Sardinen, in Brasilien Dorades und in der Karibik Thunfische und Marlins. Dabei lernten wir nicht nur, wie, wann und wo man erfolgreich Fische fängt, sondern wurden auch in die Geheimnisse der Eintopf- und Grogzubereitung eingeweiht. Während einer »faulen« Zeit auf den Tuamotus und Gesellschaftsinseln gingen wir fast täglich mit Einheimischen zum Fischen und gewöhnten uns nur allzu leicht an diesen fröhlichen und sonnigen Lebensstil. Fast unbewußt fingen wir an, Fische auf Seile zu reihen, den Fang mit dem Dorf zu teilen und die Fische roh zu essen – à la tahitiènne. Warum wir wieder fortgegangen sind, wissen wir selbst nicht so genau. Wieder in Europa, drehten wir Wind und See für eine Weile den Rücken zu und arbeiteten uns mühsam und blaß durch unsere Notizen und Aufzeichnungen. Das Ergebnis ist dieses Buch.

Die Rezepte sind ausgewählt und bestimmt für kleine Bootskombüsen und Pantrys ohne Kühlschrank oder sonstige elektrische Küchengeräte. Zweiflammenkocher und Backofen sind für die meisten Rezepte nicht unbedingt vonnöten, bieten aber wesentliche Vorteile. Da die Kochtemperaturen sehr schwierig zu schätzen sind, haben wir uns mit den Ausdrücken wie »warm«, »Mittelhitze«, »heiß« usw. beholfen.

Die Personenzahl für die einzelnen Gerichte ist je nach Kapitel unterschiedlich, doch können die Anteile der Rezepte problemlos vergrößert oder verkleinert werden. Sollten dabei mathematische Probleme auftreten, kann man sich den elektronischen Taschenrechner vom Kapitän ausleihen.

Die Koch- und Zubereitungszeiten sind »gegißt«. Zu viele Faktoren sind da mit im Spiel: Art und Größe des Kochers und der Ausrüstung, Organisation der Kombüse, Gerätschaften, Hilfe oder Sabotage der Crew usw. Somit sind die angegebenen Zeiten nur als Anhaltswerte zu verstehen. Auch die Maßeinheiten wurden so einfach wie möglich gehalten. »Prise«, »Handvoll«, »Löffel«, »Tasse«, »Finger« (bei Alkohol) erweisen sich als recht brauchbar.

Wie so manchem Segler nach getaner Reise die Tränen vor Stolz, Wehmut und Erinnerung in die Augen treten, gleiten seine Blicke über Logbucheintragungen wie »... Windstärke 10 ... Sturm und Hagel ... machen vor Topp und Takel noch 5 Knoten ... friere erbärmlich ... doch Stimmung gut ...«, so wird es uns warm ums Herz, und unsere glänzenden Augen wandern wehmütig zum fernen Horizont, wenn da zu lesen ist »... in dünne Scheiben schneiden ... mit Rum begießen und flambieren ...«

KAPITEL I

Aus der Windjammer-Pantry

Langsam schlendert Dein neuer Segelschüler den Kai entlang. Es ist sein erster Segeltörn – Stiefel und neues Ölzeug quietschen bei jedem Schritt. Den Seesack lässig geschultert, träumt er von vergangenen Zeiten, von schnellen Klipperschiffen und harten Seemännern. Auch wenn es nur ein Wochenendtörn sein wird, unser Freund ist für Kap Horn gerüstet, bereit, jede Mutprobe vor, hinter und auf dem Mast zu bestehen.

Du huschst in die Kombüse und versteckst die feinen Pâtés, Saucen und Gewürze. Kuchen, Gebäck und Süßigkeiten, Scotch und Cognac, Delfter und Linnen wandern in den Spind. Verbeulte Blechteller und hölzerne Löffel kommen auf den Tisch, und auf den Kocher stellst Du schnell einen alten zerbeulten Topf. Warum einen Traum zerstören, wenn Du ihn nähren kannst mit hartem Schiffszwieback, starkem Grog und getrocknetem Fisch!

Harter Schlag

1 PFUND MEHL

1/2 TL SALZ

WASSER

Mehl und Salz mischen, dann langsam Wasser dazugeben und zu einem steifen Teig kneten. Auf einem mit Mehl bestreuten Brett zu einem 2 cm dicken Fladen ausrollen. Mit einem Messer den Teig in kleine Rechtecke schneiden oder mit einer Tasse runde Scheiben herausdrücken. Mehrmals mit einer Gabel in die Oberfläche stechen und dann im heißen Ofen goldbraun backen.

Trocken verpackt halten »Harte Schläge« fast unbegrenzt.

Bostoner Braunes Brot

1 TASSE MEHL

1 TASSE GELBES MAISMEHL

1 TASSE VOLLKORNMEHL

1 TL SALZ

1 TL BACKNATRON

1 TL BACKPULVER

2 TASSEN BUTTERMILCH

3/4 TASSE RÜBENKRAUT

ZERKLEINERTE ROSINEN UND NÜSSE

Alle trockenen Bestandteile zusammenschütten und dann langsam den Sirup und die Buttermilch einrühren. Gut durchmischen. Nach alter Tradition wird Bostoner Braunes Brot in kleinen Backformen – leere Konservendosen tun gute Dienste – für 2–3 Stunden im Dampfbad gebacken. Es geht einfacher und schneller, wenn man den Teig in einer hohen Kuchenform im Backofen bei mittlerer Hitze etwa 30 bis 45 Minuten backt.

Eingelegte Eier

8 HARTGEKOCHTE EIER

1 ZWIEBEL, KLEINGEHACKT

1/2 TASSE ESSIG

1/2 TASSE ZUCKER

1/2 TASSE WASSER

1 KNOBLAUCHZEHE, KLEINGEHACKT

1/2 TL DILL

1 PRISE SALZ

Die gekochten Eier werden in einem Einmachglas reichlich mit Zwiebeln bedeckt. In einem Topf Essig, Wasser, Zucker und Gewürze erhitzen und einige Minuten kochen lassen. Dann in das Glas mit den Eiern gießen. Gut verschließen und vor Verbrauch einige Tage ziehen lassen.

Sonntagsessen

1 DOSE CORNED BEEF

4 KARTOFFELN

1 ZWIEBEL, KLEINGEHACKT

2 GRÜNE PAPRIKASCHOTEN

1 DOSE TOMATENMARK

4 EIER

2 EL ÖL

SALZ UND PFEFFER

Kartoffeln schälen, kochen und zu Brei verarbeiten. Das Corned beef in Stücke schneiden und mit den kleingeschnittenen Paprikaschoten und gehackten Zwiebeln im Tomatenmark schmoren. Sobald das Gemüse weich ist, wird der Kartoffelbrei dazugegeben und gut vermischt. In einer anderen Pfanne werden die Spiegeleier gebraten und beim Servieren zu jeder Portion dazugegeben.

Doggerbank-Bohnen

2 DOSEN BOHNEN MIT SCHWEINEFLEISCH

5 SCHEIBEN RAUCHFLEISCH

1 ZWIEBEL, KLEINGEHACKT

2 EL BRAUNER ZUCKER

1 SCHUSS WORCESTERSAUCE

1 PRISE SENFPULVER

1 PRISE PFEFFER

Rauchfleischscheiben knusprig braten und vom Feuer nehmen.
Dann die Bohnen mit dem Schweinefleisch, den Zwiebeln,
dem Zucker und der Worcestersauce aufkochen und mit
Senfpulver und Pfeffer abschmecken. Die Rauchfleischscheiben obenauf legen, Kochtopf zudecken und eine Stunde
bei mäßiger Hitze im Backofen backen.

Salzig-saure Zwiebeln

1 KILO KLEINE ZWIEBELN

2 EL SALZ

2 TASSEN WEINESSIG

1/2 TASSE ZUCKER

1/2 TL DILL

1 TL EINLEGEGEWÜRZE

Zwiebeln in genügend Wasser 3 Minuten kochen, dann erst
schälen und die Enden abschneiden. In einem Einmachglas
mit Wasser und Salz über Nacht stehen lassen. Dann die
Flüssigkeit abschütten. In einem kleinen Topf Weinessig,
Zucker und Gewürze zum Kochen bringen und zu den
Zwiebeln gießen. Das Glas gut verschließen und verstauen.

Des armen Seemanns Mittagessen

10 SCHEIBEN ALTES BROT

3 EIER

4 EL ZUCKER

1 TASSE MILCH

3 EL PANIERMEHL

125 GRAMM BUTTER ODER MARGARINE

PRISE ZIMT

Eier, Milch und 2 EL Zucker gut verrühren. Die Brotscheiben einzeln in die Flüssigkeit tauchen – doch nicht zu sehr einweichen lassen. Dann beide Seiten jeder Brotscheibe mit Paniermehl bestreuen und in Butter braten. Mit Zimt und dem Zuckerrest bestreuen und servieren.

Bubble and Squeak

KARTOFFELN, GEKOCHT

WEISSKOHL, GEKOCHT

SCHMALZ ODER MARGARINE

SALZ UND PFEFFER

In alter Tradition werden Kartoffeln und Weißkohl zu gleichen Teilen mit viel Schmalz in einer großen Pfanne knusprig und braun gebraten. Um den Geschmack zu verbessern, kann natürlich auch Margarine verwendet werden.

 ### Meerwasser als Morgentrunk

Auch von Ärzten wird die Ansicht vertreten, daß Meerwasser in richtiger Menge und Verdünnung ein ausgezeichneter Stoffwechselregulator sei. Zwei Finger Seewasser, mit der zwei- bis dreifachen Menge Süßwasser verdünnt, ergibt einen gesunden Morgentrunk, der den Körper ausreichend mit den wichtigen Mineralien wie Natrium, Magnesium, Kalium und Kalzium versorgt. Nach anfänglichem Naserümpfen schmeckt es gar nicht einmal so schlecht.

Kartoffelsuppe mit Zwiebeln

2–3 KARTOFFELN, GESCHÄLT
UND KLEINGESCHNITTEN
2 ZWIEBELN, KLEINGEHACKT
2 TASSEN HÜHNERBRÜHE
1/2 TASSE MILCH
2 EL BUTTER ODER MARGARINE
SALZ UND PFEFFER

Butter in einem Kochtopf schmelzen, Kartoffeln, Zwiebeln und Hühnerbrühe dazugeben und bei kleiner Flamme ungefähr 20 Minuten kochen. Gelegentlich umrühren und zum Schluß die Milch dazuschütten. Mit Salz und Pfeffer je nach Geschmack würzen. Kann heiß und kalt serviert werden.

Linsensuppe »Jungfer«

2 BRÜHWÜRFEL
1 1/2 TASSEN GETROCKNETE LINSEN
1 /2 PFUND DURCHWACHSENES SCHWEINEFLEISCH,
IN STÜCKE GESCHNITTEN
1 ZWIEBEL, KLEINGEHACKT
2 KARTOFFELN, IN WÜRFEL GESCHNITTEN
125 GRAMM BUTTER ODER MARGARINE
1 LORBEERBLATT
2 KNOBLAUCHZEHEN, KLEINGEHACKT

Die Linsen mehrere Stunden in Wasser weichen. Dann kurz zum Kochen bringen, vom Feuer nehmen und das Kochwasser abschütten. Linsen mit Fleisch, Lorbeerblatt, Zwiebeln und Knoblauch in der Fleischbrühe bei mittlerer Flamme ungefähr eine Stunde kochen lassen. Je länger desto besser. 30 Minuten vor dem Auftragen werden Butter und Kartoffeln dazugegeben. Nach Geschmack salzen.

 *Was die* <u>Rettungs-</u> <u>insel</u> *alles NICHT hatte – Gutes und ausreichendes Angelzeug, eine Harpune, ein Messer mit einer Säge, Vaseline, einen Schwamm, Kartenspiel, Sonnensignalspiegel, Plastikkanister, Universalklebstoff, Notizbuch und Blei-stift, Seeanker, Nähzeug (Nadel und Faden), Gaze zum Planktonfischen, Segeltuch als Sonnenschutz, Paddel.*

Dies sind einige Gegenstände, die von Schiffbrüchigen vermißt wurden, als sie gezwungen waren, in die Rettungsinsel zu gehen.

Altbrot-Eierkuchen

10–12 SCHEIBEN ALTES BROT

1 TASSE MILCH

3–4 EIER

2 EL ZUCKER

2 EL BUTTER ODER MARGARINE

Das Brot in kleine Stücke brechen und in eine Schüssel legen. In einem Becher Eier, Milch und Zucker gut verrühren und über die Brotstücke gießen. 15 Minuten ziehen lassen. Dann Butter in einer Pfanne erhitzen und die Mischung wie ein Omelett backen.

Fischeintopf

4 KARTOFFELN, KLEINGESCHNITTEN

3 ZWIEBELN, IN SCHEIBEN

2–3 FISCHFILETS, IN STÜCKEN

1 DOSE KONDENSMILCH

125 GRAMM BUTTER ODER MARGARINE

SALZ UND PFEFFER

In einem großen Topf Kartoffeln und Zwiebeln kochen. Dann erst die Fischstücke dazugeben. Milch, Butter, Salz und Pfeffer einrühren und die Suppe auf kleiner Flamme noch 10 bis 15 Minuten kochen, bis der Fisch gar ist.

Labskaus

2 PFUND KARTOFFELBREI

4 HERINGE

I PFUND CORNED BEEF,
IN STREIFEN GESCHNITTEN

I GLAS ROTE BETE

2 SAURE GURKEN, IN SCHEIBEN

2 EL ÖL

SALZ UND PFEFFER

In einer großen Pfanne Zwiebeln in Öl bräunen, Corned beef, Gurken und Kartoffelbrei dazugeben. Gut mischen und von allen Seiten schmoren. Mit Rote Bete und Heringen servieren.

 Wie lange halten frische Lebensmittel an Bord?

Milch und Sahne	1–2 Tage	In Originalverpackungen belassen!
Käse		
Hartkäse	über eine Woche	In Alufolie einwickeln!
Weichkäse	2–3 Tage	In geschlossene Behälter packen!
Butter		
ungesalzen	1 Woche	In Originalverpackungen belassen!
gesalzen	mehrere Wochen	
Margarine	fast unbegrenzt	
Fisch		
roh	12 Stunden	Siehe dazu »Frischer Fisch«
gekocht	12 Stunden	(Seite 168) und
getrocknet	mehrere Monate	»Getrockneter Fisch« (Seite 143)
Muscheln	wenige Stunden	

Scrapple »Fettiger Löffel«

1/2 PFUND HAUSMACHER

BLUT- ODER LEBERWURST

3 EL MEHL

3 KNOBLAUCHZEHEN, ZERKLEINERT

1/2 TASSE WASSER

1 EL ÖL

In einer Schüssel werden Mehl, Knoblauch und die aus der Haut gedrückte Wurst gut vermischt. Langsam Wasser dazugeben, bis ein steifer Brei entsteht. Öl in einer Pfanne erhitzen und die Mischung knusprig braten.

Geflügel	1 Tag	
Gemüse	meist bis zu einer Woche	Durch spezielle Behandlung und Lagerung können einige Arten, z. B. Kohl, mehrere Wochen frisch bleiben.
Früchte	meist bis zu zwei Wochen	Früchte mit harter Schale in Körben aufbewahren. Andere in Papier einwickeln, Druck vermeiden!
Eier		Siehe dazu »Eier für die Überfahrt« (Seite 71)
roh	1 Woche	
gekocht	2–3 Tage	
präpariert	bis 4 Monate	
Fleisch		In eingeöltes Papier gewickelt, wird Fleisch nicht hart und trocknet nicht aus. Siehe auch: »Fleischaufbewahrung« (Seite 169)
roh	1–2 Tage	
gekocht	2 Tage	
gesalzen	6 Monate	
getrocknet	6 Monate	

KAPITEL 2

Ein Boot voller Landratten

Das Unheil ist unabwendbar, nächstes Wochenende bricht es über Dich herein: Dein Kegelklub, ein unliebsamer Geschäftspartner nebst Gattin, Deine Frau mit ihrem Kaffeekränzchen, die jüngste Tochter und ihre kichernden Freundinnen, zwei Deiner ehemaligen Verlobten und Dein Psychoanalytiker mit Hund – alle haben sich für Sonntag zu einem Segelausflug eingeladen.

Unglücklicherweise hast Du auch den Motor inzwischen repariert, und das Wetter, seit Wochen miserabel, wird einfach ideal sein. Keine Entschuldigungen sind am Horizont auszumachen. Es gibt kein Entkommen – die Meute wird über Dein Boot herfallen. Sie werden das frisch gelackte Cockpit ruinieren, Sonnenöl über das geschrubbte Teakdeck schütten, und es ist so gut wie sicher, daß weder Schoten noch Fallen das Wochenende heil überstehen werden. Allein in der Kombüse hast Du Deine Ruhe, nur hier kannst Du den Untergang überleben.

Sandwiches

Fischers Sandwich

FLEISCHWURST IN SCHEIBEN

ZWIEBELN IN SCHEIBEN

SAURE GURKEN IN SCHEIBEN

Tobago-Sandwich

KALTES FISCHFILET

ANANASRING

MAYONNAISE

OLIVEN

Roquefort-Sandwich

I SCHEIBE ROGGENBROT

ROQUEFORT-KÄSE

SELLERIESCHEIBEN

OLIVEN

SCHNITTLAUCH

Bambinowich

I SCHEIBE BROT

RAHMKÄSE

ANANASRING

Reubin-Sandwich

SAUERKRAUT

CORNED BEEF

SCHWEIZER KÄSE

MAYONNAISE

Sandwich-Aufstrich

Taragona Thuna

> 1 DOSE THUNFISCH
> 1 ZWIEBEL, KLEINGEHACKT
> 1/2 PAPRIKASCHOTE, ZERKLEINERT
> 2 HARTGEKOCHTE EIER, IN SCHEIBEN
> 6 GRÜNE OLIVEN, IN SCHEIBEN

Lachsstücke

> 1 DOSE LACHS
> 1 ZWIEBEL, ZERKLEINERT
> MAYONNAISE
> HANDVOLL BROTKRUMEN

Sardische Sardinen

> 2 DOSEN SARDINEN IN TOMATENSAUCE
> 3 HARTGEKOCHTE EIER
> 1 EL MAYONNAISE
> SAFT EINER HALBEN ZITRONE

 <u>Verbrennungen –
die Kombüse hilft</u>
Sollte aus irgendwelchen Gründen weder Brandbinde noch Salbe in der Bordapotheke zu finden sein, kann auch hier die Kombüse »aushelfen«. Um Schmerz zu stillen und Blasenbildung zu verhindern, wird die verbrannte oder verbrühte Stelle mit Eiweiß eingestrichen, oder das weiße Häutchen der inneren Eischale daraufgelegt. Salzbrei (Salz mit Wasser angefeuchtet) oder feuchte Kernseife erfüllen denselben Zweck.

Brandblasen selbst sollten nur mit einer ausgeglühten Nadel von der Seite her aufgestochen werden, damit die Flüssigkeit auslaufen und die Blase austrocknen kann. Bei Mundverbrennungen lindert man den Schmerz durch Mundspülungen mit Kondensmilch oder aber indem man Butter langsam im Mund zergehen läßt.

Thunfisch-Laib

2 PFUND KARTOFFELBREI

2 DOSEN THUNFISCH

3/4 TASSE MAYONNAISE

2 GRÜNE PAPRIKASCHOTEN, ZERKLEINERT

4 HARTGEKOCHTE EIER, IN SCHEIBEN

6–8 OLIVEN

Thunfisch in kleine Stücke brechen und mit dem Kartoffelbrei und den zerkleinerten Paprikaschoten mischen. Die Hälfte der Mayonnaise einrühren. Die Mischung in eine gefettete Backform drücken und dann auf einen Teller stürzen. Den Rest der Mayonnaise über den brotförmigen Laib streichen und mit Oliven und Eierscheiben garnieren.

Albatros-Nudelsalat

1 PFUND GEKOCHTE NUDELN

1 PFUND FLEISCHWURST,

IN WÜRFEL GESCHNITTEN

3 ÄPFEL, IN WÜRFEL GESCHNITTEN

3 SAURE GURKEN, KLEINGESCHNITTEN

1 PAPRIKASCHOTE, KLEINGESCHNITTEN

SAFT EINER ZITRONE

HANDVOLL GRÜNE OLIVEN

1 TL SOJASAUCE

1 EL OLIVENÖL

SALZ UND PFEFFER

Alle Teile in eine Schüssel geben und mit der Sauce aus Zitronensaft, Sojasauce, Olivenöl, Pfeffer und Salz übergießen. Gut mischen und ca. 15 Minuten ziehen lassen.

Krautsalat »Zwilling«

1 KLEINER KOPF WEISSKOHL

1 KLEINER KOPF ROTKOHL

2 GRÜNE PAPRIKASCHOTEN, KLEINGESCHNITTEN

2 ÄPFEL, KLEINGESCHNITTEN

2 APFELSINEN

SAFT EINER HALBEN ZITRONE

3 EL MAYONNAISE

3 EL KONDENSMILCH

HANDVOLL KLEINGEHACKTE NÜSSE

SALZ UND PFEFFER

Gemüse und Obst in möglichst feine Streifen, Scheiben oder Würfel schneiden und mit der Sauce aus Zitronensaft, Milch, Mayonnaise, Salz und Pfeffer würzen. Gut durchmischen.

 <u>Kühle Drinks ohne Kühlschrank</u>

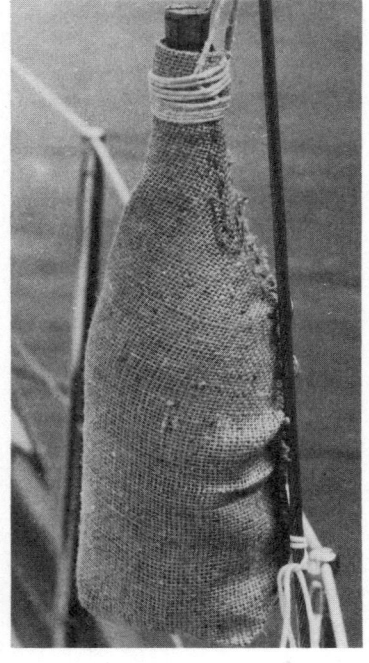

Auf einem langen Seetörn ist ein kühler Trunk – Tee, Limonade, oder Fruchtsaft – ein willkommener und erfrischender Luxus, auf den kein Yachtsegler verzichten sollte, auch wenn kein Kühlschrank an Bord ist.

Die alten Seeleute gossen ihren Tee in Flaschen, wickelten diese in alte Lappen oder Segeltuch, tauchten sie ins Wasser und hingen sie dann in den Wind. Die vom Wind beschleunigte Verdunstung des Wassers in den Lappen kühlt die Flüssigkeit in der Flasche. Wir benutzten diese Methode mit Erfolg, und unsere »Kühlflasche« wurde bald ein fester Bestandteil unseres Riggs.

Warmer Kartoffelsalat

2 PFUND KARTOFFELN

1/2 PFUND SCHINKEN

2 ZWIEBELN, KLEINGEHACKT

2 EL WEINESSIG

2 EL WASSER

HANDVOLL KLEINGEHACKTE PETERSILIE

SALZ UND PFEFFER

Die Kartoffeln kochen und anschließend pellen. Den Schinken anbraten und vom Feuer nehmen und die Zwiebeln im Fett des Schinkens bräunen. Essig, Wasser, Salz und Pfeffer dazugeben und eine Minute aufkochen lassen. Dann die Sauce über die kleingeschnittenen Kartoffeln und den gebratenen Schinken gießen. Mit Petersilie garnieren und warm servieren.

Spaghetti

1 PFUND SPAGHETTI

ODER ANDERE NUDELN

4 EL BUTTER ODER MARGARINE

2 ZWIEBELN, ZERKLEINERT

1 1/2 TASSEN SAURER RAHM

SALZ UND PFEFFER

Die Spaghetti kochen und in eine Schüssel schütten. Butter in einer Bratpfanne schmelzen und die Zwiebeln darin anbräunen. Dann den sauren Rahm dazugießen, mit Salz und Pfeffer abschmecken und über die Spaghetti schütten.
(2–4 EL scharfer Käse, z. B. Roquefort, können den sauren Rahm ersetzen.)

 So halten
Zitronen länger

Zitronen müssen richtig be-
handelt und verstaut werden,
sollen sie für eine längere Über-
fahrt reichen.

Einzeln in Zeitungspapier
oder Alufolie einwickeln und in
Körben verstauen. Druck

vermeiden! Man kann sie aber
auch auf eine Schnur fädeln,
indem man die Nadel durch die
Verdickungen am Ende der
Frucht führt. Die Schnur mit den
Zitronen zwischen die Decks-
balken hängen! Nach jeder
Frucht einen Knoten machen,
damit sie nicht verrutschen.

Schinken-Eier-Makkaroni

6 EIER
1/2 PFUND SCHINKEN, IN WÜRFEL GESCHNITTEN
1 PFUND MAKKARONI
1/2 TASSE PARMESANKÄSE

Makkaroni kochen, Kochwasser abgießen und die Nudeln
in eine Schüssel geben. Danach werden die Eier in kleiner
Schüssel geschlagen und zusammen mit dem Schinken wie ein
Omelett gebacken. Bevor das Omelett ausgebacken ist, wird
es über die Nudeln gelegt und mit Parmesankäse bestreut.

KAPITEL 3

Der große Fischfang

Auch bei teuerstem Angelzeug, den bestge-
meinten Ratschlägen, jahrelanger Erfahrung
und günstigem Wetter, bestimmt, sobald der
Angelhaken ins Wasser plumpst, das Glück
das Geschehen. Doch das sollte eigentlich
noch kein Grund sein, die Angel einfach »ins
Korn zu werfen«. Wie so oft im Leben gilt es
auch hier, das Glück zu versuchen, heraus-
zufordern und zu zwingen. Und wer könnte
das besser als der Koch?

Manchmal bindet er ein Stück eines fettigen
alten Lappens als Glücksbringer mit an die
Angelschnur oder pumpt eine Mischung aus
Spülwasser, braunem Zucker und Rum durch
das Spülbecken außenbords. Griechische
Köche schreiben Gedichte an Neptun, auf
portugiesischen Schiffen werden die Angelhaken mit Knoblauch eingeschmiert, und in
Neuguinea sollen die Köche erst einmal einen
Fisch in die Bratpfanne zeichnen, ehe sie die
Angel auswerfen. Wie dem auch immer sei,
eines ist gewiß: In jedem guten Fischer steckt
ein guter Koch.

Fischbutter

Kräuterbutter

1 ZWIEBEL, KLEINGEHACKT
2 KNOBLAUCHZEHEN, ZERSTAMPFT
1/2 TL ZITRONENSAFT
125 GRAMM BUTTER ODER MARGARINE
HANDVOLL PETERSILIE
UND SCHNITTLAUCH
SALZ UND PFEFFER

Butter mit einer Gabel zerdrücken und langsam die übrigen Bestandteile einmischen. Einzelne Portionen formen.

Senfbutter

125 GRAMM BUTTER
1 TL SENF
PRISE SENFPULVER
PRISE PFEFFER

Knoblauchbutter

125 GRAMM BUTTER
4 KNOBLAUCHZEHEN, ZERSTAMPFT
SALZ UND PFEFFER

Currybutter

125 GRAMM BUTTER
1 TL CURRYPULVER

Estragonbutter

125 GRAMM BUTTER
HANDVOLL SCHNITTLAUCH
1 TL ESTRAGON

Cocktailsauce

1/2 TASSE KETCHUP

1 EL MEERRETTICH

PRISE SENFPULVER

1 EL WORCESTERSAUCE

1/2 TL CHILLIPULVER

SALZ UND PFEFFER

Mayonnaise

2 EIGELB

1/2 TL SENFPULVER

3/4 TASSE OLIVENÖL

SAFT EINER ZITRONE

PRISE SALZ

In einer Schale Eigelb, Salz und Senfpulver gut durchrühren und langsam Olivenöl dazugeben. Sobald die Mischung steif geworden ist, Zitronensaft mit einrühren. Schnittlauch, Petersilie oder Wasserkresse, sehr fein gehackt, ergeben eine grüne Mayonnaise.

 <u>Ohne Streich-hölzer bleibt die Kombüse kalt</u> – *Aus irgendwelchen unerklärlichen Gründen braucht man zumindest 10 Streichhölzer, um den Kocher an Bord in Gang zu setzen. Zur Vorsicht sollte man Streichhölzer daher immer »kistenweise« einkaufen. Um ein Feuchtwer-* *den zu vermeiden, werden 5–10 Päckchen jeweils in Plastik gepackt, gut verschlossen und an verschiedenen Plätzen an Bord verstaut.*

Es empfiehlt sich, eine Liste mit den »Stauplätzen« anzulegen ... und ein sogenanntes Wegwerf-Feuerzeug kann auch nie schaden.

Béchamelsauce

1 1/2 TASSEN MILCH

1 ZWIEBEL, KLEINGEHACKT

2 EL MEHL

2 EL BUTTER ODER MARGARINE

PRISE SALZ

In einer Pfanne die Zwiebeln in Butter weich schmoren. Milch, Mehl und Salz dazurühren und solange auf dem Feuer lassen, bis die Sauce steif wird.

Fischsauce »Hawaii«

1 DOSE ANANASSTÜCKE

2 EL ZITRONENSAFT

PRISE CURRYPULVER

Die Ananasstücke noch mehr zerkleinern, mit Zitronensaft und Curry mischen und über den Fisch geben.

Tartaren-Sauce

1 TASSE MAYONNAISE

1 TL ZITRONENSAFT

1 ZWIEBEL, KLEINGEHACKT

HANDVOLL PETERSILIE

1 SAURE GURKE, IN KLEINE

WÜRFEL GESCHNITTEN

Mayonnaise mit den anderen Bestandteilen gut verrühren und mehrere Stunden ziehen lassen.

»Die Entdeckung eines neuen Gerichtes/Rezeptes ist bedeutender für das Glück der Menschheit als die Entdeckung eines neuen Sternes.«

A. Brillat-Savarin, »Physiologie du Goût«

Tausend-Inseln-Sauce

1 TASSE MAYONNAISE

1 ZWIEBEL, KLEINGEHACKT

1 HARTGEKOCHTES EI,
IN KLEINE WÜRFEL GESCHNITTEN

HANDVOLL PETERSILIE

1/3 TASSE KETCHUP

1 TL SENFPULVER

PRISE CHILLIPULVER

Alle Bestandteile mischen, Chillipulver zuletzt einrühren.
Mehrere Stunden ziehen lassen.

Currysauce

1/2 TASSE WEISSWEIN

1 EL CURRYPULVER

2 EL BUTTER ODER MARGARINE

1/2 TASSE MILCH

1/4 TASSE KOKOSFLOCKEN

1 ZWIEBEL, KLEINGEHACKT

1 TOMATE, IN SCHEIBEN

1/2 APFEL, KLEINGESCHNITTEN

Zwiebeln, Apfelstücke, Tomaten, Currypulver in Butter und
Wein weich schmoren. Dann die Kokosflocken dazugeben und
weitere 10 Minuten bei kleiner Flamme ziehen lassen. Durch
ein Sieb geben und falls zu flüssig, noch mit etwas Milch
oder Mehl verdicken.

Sauce Aioli

12 KNOBLAUCHZEHEN
1 TASSE OLIVENÖL
4 EIGELB
SAFT EINER ZITRONE
SALZ

Knoblauch im Mörser zerstampfen und mit dem Eigelb
vermischen. Olivenöl dazugeben und zu einer steifen
Mayonnaise rühren. Mit Salz und Zitronensaft abschmecken.

Süß-saure Sauce

1 DOSE ANANASSTÜCKE
1 TASSE ESSIG
1/2 TASSE BRAUNER ZUCKER
1 1/2 TASSEN WASSER
1/4 TASSE MAIZENA

In einem Topf Zucker, Essig, Wasser und Maizena mit etwas
Saft aus der Ananaskonserve erhitzen. Häufig umrühren. Dann
mit den möglichst klein geschnittenen Ananasstückchen
mischen und über den Fisch geben.

Sauce Hollandaise

4 EIGELB
4 EL BUTTER ODER MARGARINE
3 EL ZITRONENSAFT
PRISE PFEFFER

Bei kleiner Flamme und unter ständigem Umrühren alle
Bestandteile zu einer Sauce verrühren. Sollte sie zu dickflüssig
werden, mit Milch verdünnen.

Fischpanade

1/4 PFUND MEHL ODER PANIERMEHL
3 EL OLIVENÖL
1 EIWEISS
PRISE SALZ
1/2 TASSE WASSER

Mehl, Olivenöl, Wasser und Salz zu einer Creme verrühren und ziehen lassen. Das geschlagene Eiweiß kurz vor Gebrauch dazurühren.

Fischfilet à la Crème

1 ZWIEBEL, KLEINGEHACKT
1 GLAS WEISSWEIN
1 GLAS WASSER
1/2–3/4 TASSE SAHNE
HANDVOLL PETERSILIE
ODER SCHNITTLAUCH
SALZ UND PFEFFER

In einer Pfanne wird der Fisch in Wein und Wasser geschmort. Zwiebeln darüberstreuen. Sobald der Fisch gar ist, aus der Pfanne nehmen. Die Flüssigkeit weiterkochen und die Sahne dazugeben. Kurz aufkochen und über den Fisch gießen, mit Petersilie garnieren.

 Hochsee-
Angeltips

1. Fast jeder Segler hat seine eigene Theorie über Köderart, Farbe, Tiefe, Geschwindigkeit, Länge der Leine und Stärke der Haken und schwört meist auf sein Wissen und seinen Erfolg.

Dennoch lohnt sich Experimentieren immer, denn beim Fischen gibt es nur 3 Konstanten: starker Haken, gutes Vorfach, haltbare Leine.
2. Künstliche Köder in gelber, weißer und silberner Farbe benutzten wir am erfolgreichsten

in den frühen Morgenstunden und bei Sonnenuntergang. Starke Farben »fangen« tagsüber besser.

3. Je mehr Leinen, desto größer die Chancen! Nach einigen »verwirrenden« Versuchen, fanden wir heraus, daß zwei Leinen gerade noch von uns problemlos bewältigt werden konnten. Um die Leinen »auf Distanz« zu halten und um nicht unser Log zu »angeln«, wurde, wenn immer möglich, eine Leine vom Ende des Baumes oder einer Bambusstange geführt.

4. Ein Gummiband ist ein ausgezeichneter »Stoßdämpfer«, wenn er in eine Schlaufe der Leine eingebunden wird. Zudem zeigt er an, wenn der Fisch angebissen hat.

5. Des Nachts sollten die Leinen eingeholt werden. Denn beißt ein Fisch unbemerkt an, öffnet sich nach dem Tod das Maul, und der Schleppwiderstand wird so groß, daß die Leine reißen kann und Fisch und Haken verloren sind.

6. Einen größeren Fisch lebend an Bord zu ziehen, ist beileibe kein Kinderspiel, Niemals versuchen, den Fisch an der Leine ins Boot zu hieven, denn der Haken kann durch den Zug leicht ausbrechen. Daher immer, je nach Größe des Fisches, Netz (Kescher) oder Gaff benutzen.

Aalbabies in der Pfanne

3 PFUND KLEINE AALE

2 PFUND KARTOFFELN

2 TASSEN MILCH

2 ZWIEBELN, KLEINGEHACKT

50 GRAMM BUTTER ODER MARGARINE

SALZ UND PFEFFER

PETERSILIE, KLEINGEHACKT

Die Aale ungehäutet in kleine Stücke schneiden und in der Pfanne mit Butter braun braten. Die Kartoffeln kochen. Die Milch mit den kleingehackten Zwiebeln und etwas Salz kurz aufkochen lassen, dann die gekochten, kleingeschnittenen Kartoffeln dazugeben und bei kleiner Flamme kochen lassen, bis die Milch sämig geworden ist. Petersilie und Pfeffer darüberstreuen und mit den warmgehaltenen Aalen servieren.

Heiße Krabben

250 GRAMM FRISCHE KRABBEN

1 TASSE MEHL

1 TASSE ÖL

1 ZITRONE

PRISE PAPRIKA

PFEFFER UND SALZ

MAYONNAISE

1 EI

Die Krabben gut waschen und in einem Handtuch trocknen.
Mehl und Ei gut mischen; die Krabben darin wenden und dann
in heißem Öl oder Fett backen. Mit Zitronensaft und
Mayonnaise servieren.

Fisch-Stew »Camarque«

2 PFUND FISCH, IN STÜCKE GESCHNITTEN

2 ZWIEBELN, KLEINGEHACKT

4 TOMATEN, IN SCHEIBEN

2 KNOBLAUCHZEHEN, KLEINGEHACKT

4 MÖHREN, IN SCHEIBEN

2 SELLERIESCHEIBEN, IN STREIFEN

4 EL OLIVENÖL

1 GLAS WEISSWEIN

4 SCHEIBEN WEISSBROT

2 KARTOFFELN, IN WÜRFEL GESCHNITTEN

2 BRÜHWÜRFEL

1 EL BUTTER

HANDVOLL PETERSILIE

Zwiebeln, Tomaten, Möhren und Sellerie werden im Öl weichgeschmort. Dann Fischstücke, Wein, Bouillon und Kartoffeln
dazugeben und bei mittlerer Flamme garen. In einer Pfanne
werden die Brotscheiben geröstet und anschließend über das
Stew gelegt und mit Petersilie bestreut.

Laboer Fischsuppe

1 PFUND KARTOFFELN,
IN WÜRFEL GESCHNITTEN
1 PFUND GEKOCHTER/ROHER FISCH,
KLEINGESCHNITTEN
3 MITTELGROSSE MÖHREN
2 ZWIEBELN
2—3 EL BUTTER ODER MARGARINE
1 BOUILLONWÜRFEL
PETERSILIE
PFEFFER UND SALZ

Möhren und Zwiebeln rösten und anschließend mit den
kleingeschnittenen Kartoffeln in einen Topf geben. Bouillon
dazuschütten und die Kartoffeln weichkochen. Dann die
Fischstücke hineingeben und garen lassen. Je nach Geschmack
würzen und mit Petersilie überstreuen.

Einfache Bouillabaisse

2 PFUND FISCH, MINDESTENS
ZWEI VERSCHIEDENE ARTEN,
IN STÜCKE GESCHNITTEN
1 PFUND MEERESSCHALENTIERE
2 TASSEN OLIVENÖL
5 ZWIEBELN, GEVIERTELT
5 KNOBLAUCHZEHEN
2 PAPRIKASCHOTEN, KLEINGESCHNITTEN
1 SCHEIBE SELLERIE
1 MÖHRE, IN SCHEIBEN
3 TOMATEN, GEVIERTELT
10 GRÜNE OLIVEN, ENTKERNT
1 TASSE WEISSWEIN
PRISE SAFRAN
2—3 LORBEERBLÄTTER
SALZ UND PFEFFER

Zwiebeln und Knoblauch in Olivenöl schmoren. Die kleingeschnittenen Gemüsesorten dazugeben. Mit Fisch und
Schalentieren auffüllen. Gewürze und Lorbeerblätter beigeben
und Wein dazugießen, bis alle Zutaten bedeckt sind. Bei kleiner
Flamme noch 10 Minuten ziehen lassen.

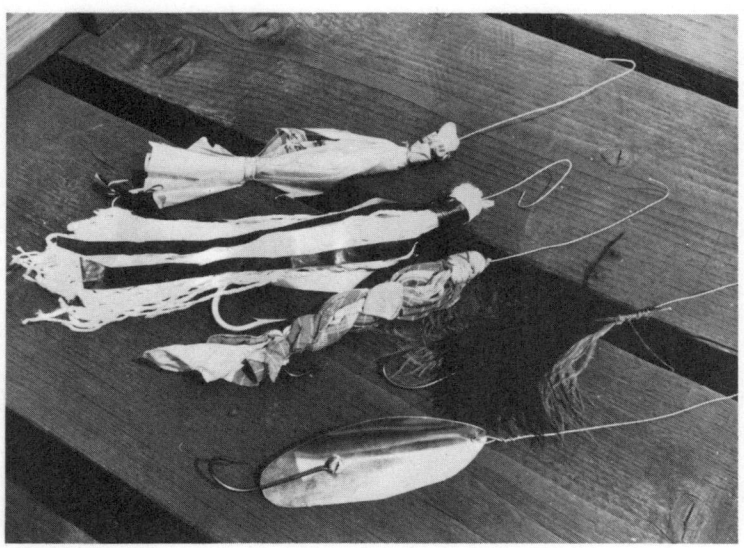

 Selbstgebastelte
Fischköder

*Künstliche Köder sind sehr
teuer und gehen doch immer
wieder leicht verloren. Warum
nicht aus der Not eine Tugend
machen und zur Selbsthilfe
schreiten?*

*50 cm Draht als Vorfach, ein
starker Haken und ca. 20 cm
aufgedrehte Leine machen eine
ganz stattliche Fischimitation.
Bunte Stoffreste, einige Federn
oder eine in Streifen geschnittene Plastiktüte haben schon
so manche Makrele ins Ver-*

*derben – und in die Pfanne –
gelockt.*

*Löffelblinker lassen sich
mühelos aus alten Konservendosen zurechtschneiden. Der
Haken wird mit einer Schraube
befestigt.*

*Gar so mancher Fliegende
Fisch wäre wohl eine bessere In-
vestition am Haken als im
Magen. Dabei soll das Vorfach
durch den Körper gezogen und
das Maul des Fisches mit ein
paar Stichen zugenäht werden,
damit er »besser« im Wasser
liegt und nicht »platzt«.*

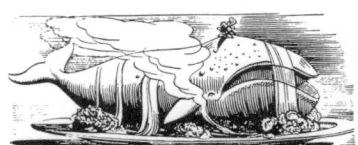

KAPITEL 4

Ein Wochenendtörn

»Hans, ganz ehrlich, das war wirklich ein klasse Trip. Und erst das Essen! Ich habe das seit Jahren nicht mehr so genossen.«

»Das ist eben Segeln, alter Junge, guter Wind und gutes Essen.«

»Ich muß schon zugeben, Dein Soufflé war großartig und die Ratatouille einfach phantastisch. Für mich war der Höhepunkt dieses Wochenendes nicht etwa, als der Mast brach, nein, der Moment, als Du mir das Thunfisch-Curry vor die Nase setztest.«

»Das war doch eigentlich noch gar nichts, ein paar Konserven und eine Prise Phantasie, weiter nichts.«

»Na ja, als Käpt'n bist Du ja nicht gerade der Größte, doch als Koch bist Du einfach nicht zu schlagen.«

»Schon gut; kommst Du nächstes Wochenende wieder mit raus? Ich werde dann extra für Dich eine Paella zubereiten.«

»Prima, Hans, hiermit habe ich angemustert. Habe nie geglaubt, daß Segeln so aufregend sein könne.«

Biersuppe

4 GLAS BIER
2 EL ZUCKER
4 EIGELB
4 EL SAURE SAHNE
1/2 TL ZIMT
SALZ UND PFEFFER

In einem Topf Bier und Zucker erhitzen. Kurz aufkochen lassen
und vom Feuer nehmen. Eigelb in einem kleinen Schüsselchen
mit der sauren Sahne und vier EL Bier mischen. Dann zu dem
warmen Bier schütten und mit Zimt, Salz und Pfeffer
abschmecken. Noch einige Minuten auf kleiner Flamme ziehen
lassen. Heiß servieren.

Betrunkene Spaghetti

1 PFUND SPAGHETTI
3 FINGER COGNAC
3 KNOBLAUCHZEHEN, FEINGEHACKT
5 EL BUTTER ODER MARGARINE
1/2 TL WEISSER PFEFFER

Knoblauch und Cognac in einem Glas gut mischen und eine
Stunde ziehen lassen. Spaghetti kochen und in eine angewärmte
Schüssel geben. Knoblauch aus dem Cognac herausseihen,
über die Nudeln streuen und gut mischen. Heiß servieren.

 So lebt Kohl länger
Weißkohl ist besonders geeignet für längere Segeltörns, da er sich an Bord fast zwei Wochen frisch hält und somit abwechslungsreiche Salate möglich macht. Diese Zeit kann bis zu 4 Wochen verlängert werden, wenn man ein Loch in den Strunk bohrt und jeden zweiten Tag ein wenig Wasser hineingießt. Der Kohl sollte dann in einem Netz aufgehängt werden.

Thunfisch-Curry

1 DOSE THUNFISCH
1 DOSE PILZSUPPE
1 TL CURRYPULVER
1 DOSE ERBSEN

Fischstücke, Pilzsuppe, Curry und Erbsen mischen und
10 Minuten kochen lassen. Wird als Sauce über Reis oder
Nudeln serviert.

Gebackener Käse

10—12 SCHEIBEN WEISSER KÄSE,
IN STREIFEN GESCHNITTEN
3 EL MEHL
1 EI
3 EL PANIERMEHL
2 EL ÖL

Mehl über die Käsestreifen geben, in das geschlagene Ei
tauchen und mit Paniermehl bestreuen. In der Pfanne braten.

Bombay-Eier

8 HARTGEKOCHTE EIER
1 ZWIEBEL, FEINGEHACKT
1 TASSE MILCH
2 EL MEHL
2 EL BUTTER ODER MARGARINE
2—4 EL CURRYPULVER
PRISE SALZ

Die Zwiebeln in Butter dünsten, Milch und Mehl dazurühren,
bis die Sauce dickflüssig wird. Currypulver und Salz einrühren
und über die halbierten Eier gießen. Mit Toast servieren.

Holländischer Kartoffelsalat

2 PFUND KARTOFFELN

1 ZWIEBEL, FEINGEHACKT

2 SELLERIESCHEIBEN,
IN STREIFEN GESCHNITTEN

1/4 TASSE MAYONNAISE

2 EL ÖL

2 EL ESSIG

1 EL ZITRONENSAFT

SALZ UND PFEFFER

Kartoffeln kochen und in Scheiben schneiden. Mit Zwiebeln und Selleriestreifen mischen. Sauce aus Mayonnaise, Zitronensaft, Öl, Essig, Salz und Pfeffer anrühren und mit den Kartoffeln mischen. Vor dem Auftragen eine Stunde ziehen lassen.

Ratatouille

2 ZWIEBELN, IN SCHEIBEN

1 PAPRIKASCHOTE, KLEINGESCHNITTEN

2 TOMATEN, IN SCHEIBEN

1 AUBERGINE, KLEINGESCHNITTEN

2 KNOBLAUCHZEHEN, FEINGEHACKT

HANDVOLL PETERSILIE

PRISE ROSMARIN

4 EL OLIVENÖL

1 TASSE WEISSWEIN

SALZ UND PFEFFER

In einem Topf Olivenöl erhitzen. Gemüse, Rosmarin und Knoblauch dazugeben. Gut mischen. Wein dazugießen und solange dünsten, bis die Gemüse weich sind. Falls nötig, mehr Wein nehmen. Gemüse nicht zu weich werden lassen.

Gefüllte Paprika

4 PAPRIKASCHOTEN, HALBIERT
2 TASSEN GEKOCHTER REIS
I ZWIEBEL, FEINGEHACKT
HANDVOLL ROSINEN
SALZ UND PFEFFER

Reis, Zwiebeln und Rosinen mischen und in die Paprikahälften füllen. Im Ofen bei Mittelhitze ungefähr 30 Minuten backen.

Hühnerleber-Happen

I PFUND HÜHNERLEBER
I ZWIEBEL, FEINGEHACKT
I PAPRIKASCHOTE, KLEINGESCHNITTEN
IOO GRAMM BUTTER ODER MARGARINE
5 SCHEIBEN SCHINKEN, ROH
2 TL PAPRIKA
I/2 TL SALZ

Den rohen Schinken ohne Fett in der Pfanne dünsten, dann Butter, Zwiebeln und Paprikastücke dazugeben. Sobald die Zwiebeln braun und die Paprika weich sind, werden Hühnerleberstücke dazugemischt. Pfanne zudecken und 10 Minuten braten. Mit Paprikapulver und Salz abschmecken.

»Ich möchte jeder Landratte bei dieser Gelegenheit einen kleinen Rat erteilen: Biete einem Yachtsegler, der seinen Fuß an Land setzt, niemals etwas zu essen an, wenn Du es nicht ehrlich meinst. Ein Yachtsegler auf Kreuzfahrt ist immer hungrig und kann nicht nein sagen, wenn ihm etwas Eßbares über den Bug läuft.«

Johannes C. Voss, *»The Venturesome Voyages of Captain Voss«*

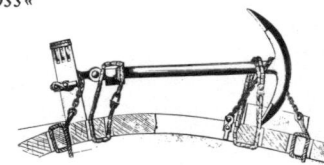

Pfannkuchen

3 EIER

1 TASSE MILCH

1 1/2 TASSEN MEHL

2 EL BUTTER

ÖL

1 TL SALZ

Einen dünnflüssigen Teig aus Mehl, Salz, Eiern, Milch und
Butter rühren. Falls möglich, eine Stunde vor Gebrauch stehen
lassen.

Variationen:

- Apfelstücke, Kirschen oder Ananasstücke in den Teig
  rühren.
- Nachdem der Pfannkuchen gewendet worden ist, kann die
  Oberfläche mit geriebenem Käse bestreut werden.
- Reste vom Vortag können eingemischt werden, z. B. Fleisch-
  stücke, Käse oder Wurst.

Falscher Seehund

4 SCHEIBEN TOAST

1/2 PFUND GERIEBENER KÄSE

1 EL MEHL

1 EIGELB

2 EL BIER

1 EL BUTTER ODER MARGARINE

1 TL WORCESTERSAUCE

1 TL SENF

PFEFFER UND SALZ

Käse, Mehl, Butter, Worcestersauce, Senf und Pfeffer in einem
Topf mischen, erhitzen, doch nicht kochen lassen. Gut rühren,
bis der Käse geschmolzen ist. Dann das Eigelb dazugeben. Die
Toastscheiben in eine feuerfeste Form legen, die Sauce darübergießen und im Ofen bei Mittelhitze braun backen.

 ## Seefahrende Gewürze

Segler sind von Natur aus Gourmets, und wie zum aufregenden Segeln der Spinnaker gehört, so gehören zum aufregenden Kochen gute Gewürze. Die folgende Aufstellung kann nur als »Grundausstattung« angesehen werden und ist je nach Ansprüchen zu erweitern.

BASILIKUM

Geflügel, Leber, Tomatensauce, Gemüsesuppen, Fisch, Käse- und Eiergerichte

CAYENNE-PFEFFER

Stews, Grillfisch, Barbecuesauce, scharfe Salate, Chillis, Shrimps, scharfe Suppen

ESTRAGON

Suppen, Salatsaucen, Fischgerichte

KRÄUTER DER PROVENCE

fast alle Fleischgerichte, Fisch, Pizza, Saucen, Salate, weißer Käse

LORBEERBLÄTTER

Stews, Kalb- und Hühnerfleisch, Fleisch- und Fischmarinaden, Eintöpfe, Gemüsesuppen, Fischsud, Bouillon

MUSKAT

Stews, Saucen, Kartoffelbrei, Kartoffelsuppe, Kohl, Kartoffelsalat, Grog

NELKEN ganz

Schweinebraten, Stews, Fischsud, Punsch, Glühwein, gebackene Früchte

OREGANO

Hackbraten, Salate, Tomatensauce, Fisch, Pizza, Kräuterbutter, Knoblauchbrot, gegrillter Fisch

PAPRIKA

Gulasch, Barbecuesauce, Gemüsesuppen, Fischsuppen, cremige Saucen, Krabbenfleisch, Käse- und Hühnergerichte, Eierspeisen

PFEFFER schwarz, ganz

Stews, Marinaden, Steaks, Wild, gebratenes Fleisch

PFEFFER weiß, gemahlen

Kalbfleisch, Hühnerfleisch, Suppen, Bratfisch, Käse- und Eiergerichte, Gemüse, Salate

ROSMARIN

Lamm- und Kalbfleisch, Geflügel, Marinaden, Tomatensauce, Fisch

SALBEI

Schweinefleisch, Leber, Marinaden, Gemüse- und Fischgerichte

THYMIAN

Geflügel, Kalbfleisch, Suppen, Pilze, Auberginen, Salate, Gemüsesuppen, gegrillte Hummer, Tomatensauce

ZIMT Stangen

Schmorbraten, Stews, Kompott, Glühwein, Grog, Kakao, Milchgetränke, flambiertes Obst, Tee

ZIMT gemahlen

Schweinebraten, Stews, Fleischfüllungen, verschiedene Kuchen, Pudding

Apfel-Hamburger

1 PFUND HACKFLEISCH
1 TASSE GEKOCHTER REIS
1 EI
2 ÄPFEL
1 EL ZITRONENSAFT
SPRITZER WORCESTERSAUCE
2 EL MAIZENA
1 EL ZUCKER
SALZ UND PFEFFER

Hackfleisch, Reis, Ei, Worcestersauce, Salz und Pfeffer
gut durchkneten und in runde Küchlein formen. In eine
gefettete Backform geben und je eine Apfelscheibe darauflegen. Im Ofen 30 Minuten bei Mittelhitze backen. Aus Wasser,
Zucker, Maizena und Zitronensaft eine Sauce rühren und vor
dem Auftragen über die Hamburger gießen.

Beschwipste Kartoffeln

1 PFUND KARTOFFELN
2 EL BUTTER ODER MARGARINE
2 GLAS WEIN
PETERSILIE
SALZ

Normale Salzkartoffeln kochen und das Wasser abgießen.
Den Wein mit Butter und Petersilie auf die heißen Kartoffeln
geben, und bei geschlossenem Topf mehrmals schwenken.
Ein ganz neuer Kartoffelgenuß – schmeckt sehr gut zu Fisch.

Krabbenbrot

1 SCHEIBE DUNKLES BROT
2 EL BUTTER
100 GRAMM FRISCHE KRABBEN
1 EI
PFEFFER UND SALZ

Die Brotscheibe mit Butter bestreichen und mit Krabben belegen. Mit dem Butterrest ein Spiegelei backen und auf die Krabben legen. Je nach Geschmack salzen und pfeffern.

McAdam's Biskuits

1/2 TASSE MAISMEHL
1/2 TASSE HEISSES WASSER
2 EIWEISS
PRISE SALZ

Wasser und Maismehl zu einem Teig mischen, das Eiweiß einrühren und als kleine Biskuits auf ein gefettetes Backblech geben. Bei Mittelhitze im Ofen 30 Minuten backen.

Hochlandbrot

2 TASSEN MEHL
1 TASSE BUTTER
1/2 TASSE ZUCKER
HANDVOLL NÜSSE, FEINGEHACKT

Zucker, Mehl und Butter mit den Händen kneten und zu einem 2 cm dicken Fladen formen. Mit einer Gabel ein Muster in die Oberfläche stechen. Nüsse darüberstreuen und auf einem Backblech bei Mittelhitze 20 Minuten backen.

KAPITEL 5

Kinder an Bord

Lieber Ralph!

Meine Ferien auf dem Segelboot meines Bruders sind ganz prima.

Ich habe schon Wale, Haie und Delphine gesehen. Segeln ist ganz toll. Zweimal habe ich schon richtig gesteuert. Gestern habe ich fast ganz alleine einen Fisch gefangen. Mein Bruder sagt, es ist ein Tunfisch. Der war vielleicht groß, fast so groß wie ich. Wir mußten ganz schön ziehen, bis der Kerl an Bord war. Du glaubst garnicht, wie gut mein Bruder kocht. Alles Sachen, die es zuhause garnicht gibt: Schokoladensuppe, Apfelbrote, Pizza mit fliegenden Fischen drauf und sogar Kokosnußbrot.

Mein Erdbeereis vermisse ich garnicht. Wie gefällt es Dir auf dem Bauernhof bei Deinem Onkel?

Tschüss

Dein Freund Stephan

P. S. Vielleicht komme ich ein paar Tage zu spät zur Schule.

Apfel-Sandwich

MEHRERE APFELSCHEIBEN

KÄSESCHEIBEN ODER SCHINKEN

Die Äpfel in fingerdicke Scheiben schneiden, die Gehäuse
entfernen. Käse oder Schinken zwischen zwei Apfelscheiben
legen und als Sandwich servieren.

Popeye's Zuckerplätzchen

3 TASSEN MEHL

1 TASSE ZUCKER

3 TL BACKPULVER

1 TL VANILLE-EXTRAKT

2 EIER

PRISE SALZ

1/2 TASSE BUTTER

Butter und Zucker mischen, dann Eier, Backpulver, Mehl und
Salz dazugeben. Gut durchmischen und Vanille-Extrakt
einrühren. Auf einem mit Mehl bestreuten Brett ausrollen, in
Plätzchen schneiden, mit Zucker bestreuen und auf einem
gefetteten Blech 10 Minuten im heißen Backofen backen.

Popcorn-Boje

1/2 TASSE POPCORN

1/4 TASSE ÖL

1/2 TASSE RÜBENKRAUT

1/2 TASSE ZUCKER

PRISE SALZ

Popcorn im Öl erhitzen. In einer kleinen Schüssel werden
Rübenkraut, Zucker und Salz gemischt, dann mit dem Popcorn
verrührt und vom Feuer genommen. In kleine Kugeln formen
und servieren.

Schokoladen-Suppe

1/4 PFUND SCHOKOLADE,
FEINGERASPELT
3 TASSEN MILCH
1 EL MEHL
3 EL ZUCKER
PRISE SALZ

Schokolade mit etwas Milch und Mehl mischen. Den Rest der
Milch erhitzen, Zucker und Salz beimischen und mit der
Schokolade verrühren. Die Mischung für 2 Minuten kochen
lassen und heiß servieren.

Schokolade-Haferflocken

6 EL HAFERFLOCKEN
2 TL KAKAOPULVER
4 TL BRAUNER ZUCKER
1 TASSE MILCH

Die trockenen Teile gut vermischen, die Milch darübergießen
und aufkochen. Sobald die Haferflocken weich sind, heiß
servieren.

Bananen-Pâte

2 GROSSE BANANEN
2 EL DOSENMILCH
1 TL HONIG
1 TL ZITRONENSAFT
3 EL HAFERFLOCKEN

Die Bananen zerdrücken und mit Milch mischen. Den Rest der
Bestandteile einrühren und servieren.

Honig-Bananen-Toast

4 BANANEN
1/2 TL ZITRONENSAFT
2 EL HONIG
4 SCHEIBEN TOAST,
MIT BUTTER BESTRICHEN
1 EL NÜSSE, ZERKLEINERT

Die Bananen zerdrücken und mit Honig und Zitronensaft mischen, dann über den Toast streichen und im heißen Backofen ungefähr 3 Minuten backen. Die Nüsse darüberstreuen und heiß servieren.

Segelplätzchen

1 TASSE BUTTER
2 TASSEN MEHL
1/2 TASSE BRAUNER ZUCKER

Butter und Zucker mischen und langsam Mehl dazugeben. Den steifen Teig in kleine Dreiecke formen und auf einem gefetteten Backblech im Ofen 15 Minuten backen.

Cracker Jacks

8 TASSEN POPCORN, SCHON AUFGEPLATZT
1 TASSE RÜBENKRAUT
1/4 TASSE ZUCKER
2 TASSEN ERDNUSSKERNE

Popcorn und Erdnußkerne in einer Pfanne erhitzen. In einer kleinen Schüssel Rübenkraut mit Zucker mischen, dann über Popcorn und Erdnüsse gießen. Gut mischen und abkühlen lassen, in Stücke brechen und servieren.

Gelee-Omelett

4 EIER
2 EL BUTTER
4 EL GELEE
1/4 TASSE MILCH
SALZ UND PFEFFER

Eier und Milch in einer kleinen Schüssel mischen, würzen und in
die Pfanne geben. Ist das Omelett halb gebacken, das Gelee
in die Mitte geben, die Enden des Omeletts umklappen und
zu Ende backen.

Noras Makronen

1 PFUND MARZIPAN
8 EIWEISS
2 EL MEHL
1/2 PFUND ZUCKER

Marzipan und Zucker vermischen, dann das Eiweiß langsam
dazugeben. Gut rühren, mit Mehl mischen. Als Fladen auf ein
gefettetes Backblech geben und bei Mittelhitze im Ofen
20 Minuten backen.

»*Eines Tages kamen die Leiterinnen des Papauta-College,
Fräulein Schultze und Miss Moore, mit ihren 97 jungen
Schülerinnen an Bord. Alle waren weiß gekleidet, jede trug
eine rote Rose. Natürlich kamen sie in Booten oder Kanus nach
Sitte unserer nördlichen Breiten.*

*Man kann sich schwer eine lustigere Mädchengesellschaft
vorstellen. Sobald sie an Deck waren, sangen sie auf die Bitte
einer der Lehrerinnen die › Wacht am Rhein ‹, die ich noch nie
gehört hatte. › Und nun ‹, riefen sie alle, › Ankerauf und fort ‹.*«

Joshua Slocum, » Allein um die Welt«

Zwergencocktail

1 DOSE ANANASSAFT

1 FLASCHE GINGER ALE

8 NELKEN

1 TL ZIMT

1 TASSE WASSER

1 TASSE APFELSINENSAFT

1 TASSE ZUCKER

Zucker, Wasser, Zimt und Nelken erhitzen und bei kleiner
Flamme 10 Minuten kochen. Abkühlen lassen und die festen
Bestandteile aussieben. Mit Ananassaft, Ginger Ale und
Apfelsinensaft mischen. Kalt servieren.

Salzwassertoffees

1 TASSE RÜBENKRAUT

1 EL MAIZENA

2 EL BUTTER

3/4 TASSE WASSER

PRISE SALZ

2 TASSEN ZUCKER

Zucker, Maizena, Rübenkraut, Butter und Wasser in einem
Topf erhitzen und 1 Minute kochen lassen, ohne zu rühren.
Salzen und auf einen gefetteten Teller gießen und abkühlen
lassen. In Portionen schneiden und servieren. In Wachspapier
eingewickelt, halten sich Salzwassertoffees fast unbegrenzt.

*»Die Jungen haben sich nicht nur zu Seglern, sondern auch zu
jungen Männern entwickelt. Strikte Schulstunden wurden an
Bord für die jüngsten Kinder Patrick und Sue eingehalten, und
während der längeren Aufenthalte gingen sie an Land zur
Schule.«*

Suttie Adams, »Fairweather«

 La cucaracha –
der Kakerlak

Früher oder später hat sich auf fast jeder Cruising-Yacht eine unliebsame Crew eingenistet. Meist vermehrt sie sich dann auch noch so schnell, daß sie fast das Kommando übernehmen kann.

Hat es sich diese Plage erst einmal an Bord gemütlich gemacht, sind weder Plastik, Holz, Leder noch Lebensmittel vor ihr sicher. Insektengift, Sprays und normale Gifte haben sich weitgehend als unwirksam erwiesen, da die Tiere chemische Sinne haben und zudem auch noch schnell restistent werden.

Erfolgversprechende Ergebnisse wurden inzwischen mit vergifteten Ködern erzielt. »Füttere die lieben Tierchen mit ihren Lieblingsspeisen« heißt die Devise. Diese Köder sind im Fachhandel erhältlich, wenn auch nur zu einem respektablen Preis.

Ein Hausrezept oder besser »Bootsrezept« vieler Segler in den Tropen hilft aber auch, der Plage Herr zu werden: Mische Zucker und Borax zu gleichen Teilen und serviere auf einem Teller!

Auch nach gewonnener Schlacht, sollte man die Augen offenhalten: Der Feind schläft nicht!

Zuckeräpfel

4 ÄPFEL
1 TASSE ZUCKER
1/2 TASSE RÜBENKRAUT
1/4 TASSE WASSER
HANDVOLL ZITRONENBONBONS

Zucker, Rübenkraut und Wasser in einem Topf erhitzen. Gut verrühren, bis der Zucker vollständig gelöst ist. Eine Minute kochen lassen und die Bonbons dazugeben. Eine weitere Minute kochen lassen, dann vom Feuer nehmen. Die Äpfel mit der Masse bestreichen und trocknen lassen. An Stelle von Wasser und Zitronenbonbons kann auch Dosenmilch und Vanille-Extrakt genommen werden. Der Apfel schmeckt dann nach Karamel.

63

KAPITEL 6

Eine Woche auf See

Mannschaft an Bord

Hermann: Feinschmecker, liebt Soufflés, Fisch und französischen Kaffee. Hat immer gutgemeinte Ratschläge zur Hand. Selbst recht guter Koch – schlechter Skipper.

Mac: Übergewicht, unersättlicher Esser, keine Hilfe in der Kombüse. Neigt zu Seekrankheiten und Dosenöffnerunfällen.

Sabine: Hält strenge Diät aus Schönheitsgründen. Haßt Knoblauch und Zwiebeln. Allergisch gegen Muscheln und Hermann.

Karin: Dem Suff ergeben, schwärmt für Biergulasch und Rumkugeln. Leidet an Verstopfung.

Hansi: Lebt nur von Schokolade und Kaugummi. Alle Süßigkeiten vor ihm verschließen!

Ich: Esse und trinke alles, in jeder Menge, zu jeder Zeit.

Biersuppe

6 ZWIEBELN, KLEINGEHACKT

2 EL BUTTER ODER MARGARINE

3 WÜRFEL HÜHNERBRÜHE

3 TASSEN DUNKLES BIER

1/2 TL PFEFFER

1 EL MEHL

PRISE SALZ

In einer tiefen Pfanne werden die Zwiebeln in Butter glasig gedünstet. Mehl, Salz und Pfeffer dazugeben. Bier und Hühnerbrühe dazuschütten und 30 Minuten bei kleiner Flamme ziehen lassen. Mit Toast servieren.

Käsesuppe

1/2 PFUND GERIEBENER KÄSE

1 ZWIEBEL, KLEINGEHACKT

1 MÖHRE, KLEINGEHACKT

1 PAPRIKASCHOTE, KLEINGEHACKT

2 EL BUTTER ODER MARGARINE

2 EL MEHL

3 TASSEN BOUILLON

1 TASSE MILCH

SALZ UND PFEFFER

Die kleingehackten Gemüsesorten werden in Butter gedünstet. Mehl und Brühe dazugeben, gut durchrühren und etwa 10 Minuten kochen lassen. Milch und Käse dazurühren. Sollte die Suppe zu dickflüssig werden, mehr Milch dazugeben. Gut rühren, bis der Käse geschmolzen ist. Möglichst heiß servieren.

Apfelkrautsalat

1/2 KOPF WEISSKOHL, IN KLEINE
STREIFEN GESCHNITTEN

2 ÄPFEL, KLEINGESCHNITTEN

1 EL ZITRONENSAFT

2 EL ÖL, 1 EL ESSIG

PRISE ESTRAGON

1 TL ZUCKER

PFEFFER UND SALZ

Öl, Essig, Estragon und Zucker zu einer Sauce mischen. Die
Apfelstücke mit Zitronensaft bespritzen, damit sie nicht braun
werden. Sauce über den Salat geben und abschmecken.

Kieler Heringsauflauf

4–6 HERINGE

1 PFUND GEKOCHTE NUDELN

2 EIER

1 TASSE MEHL

1 TASSE PANIERMEHL

3 EL BUTTER ODER MARGARINE

1 TASSE MILCH

In eine Auflaufform die gewässerten, gereinigten und kleingeschnittenen Heringe mit den Nudeln in Schichten hineinlegen. Milch, Eier und Mehl mischen und darüberschütten.
20 Minuten im Backofen backen.

*»Montags Erbsen, dienstags Bohnen, mittwochs zur Abwechs-
lung gelbe Erbsen, donnerstags Kabelgarn, freitags braune
Bohnen, sonnabends Graupen und sonntags Plum un Klüten.*

*Ist das nicht die herrlichste Speisekarte für die Woche? Vor
allem, wenn sie sich während der ganzen Reise wiederholt?«*

Graf Luckner, »Seeteufels Weltreise«

Fischtiegel

4 FISCHFILETS,
IN STÜCKE GESCHNITTEN
1 DOSE KONDENSMILCH
1 ZWIEBEL, KLEINGEHACKT
3 HARTGEKOCHTE EIER
HANDVOLL BROTKRUMEN
ODER PANIERMEHL
1 TL SENF
1 EL ÖL
SALZ UND PFEFFER

Alle Bestandteile, außer Brotkrumen und Butter, werden in einer gefetteten Kasserolle gemischt. Brotkrumen und Butter verrühren und darübergeben. Im Ofen bei Mittelhitze ungefähr 30 Minuten backen.

Abänderung:
- Butter und Brotkrumen mit Parmesankäse mischen.
- 1 Pfund gekochte Nudeln dazugeben.
- Mit Oregano den Geschmack ändern.

Fischburgers

2—3 PFUND FISCHFILET
1 PFUND KARTOFFELN, GEKOCHT
SAFT EINER ZITRONE
3—4 EL ÖL
1 EI
SALZ UND PFEFFER

Die Kartoffeln zu Brei stampfen, das Ei schlagen, das Fischfilet mit einer Gabel kleindrücken. Die Bestandteile mit Salz, Öl und Pfeffer mischen. Den Teig zu Frikadellen formen und in der Pfanne braten.

Thunfisch-Spaghetti-Sauce

1 DOSE THUNFISCH

ODER GEKOCHTER THUNFISCH,

IN STÜCKE GEBROCHEN

1 KLEINE DOSE PILZE

1/2 TASSE OLIVENÖL

5 KNOBLAUCHZEHEN, ZERDRÜCKT

HANDVOLL PETERSILIE

1 DOSE GESCHÄLTE TOMATEN

1 DOSE TOMATENMARK

1/2 TASSE WEISSWEIN

PRISE BASILIKUM

SALZ UND PFEFFER

Knoblauch im Olivenöl dünsten, dann Tomaten, Tomatenmark, Basilikum, Salz und Pfeffer und schließlich die Thun-
fischstücke dazugeben. 10 Minuten schmoren und den Wein
dazugießen. Gut verrühren und über die heißen Spaghetti
geben. Mit Petersilie garnieren.

Eier und Zwiebeln

3 PFUND ZWIEBELN

6 EIER

1/2 DOSE KONDENSMILCH

1/2 PFUND GERIEBENER KÄSE

4 EL ÖL

3 TL SALZ

1 TL PAPRIKA

SPRITZER TABASCO-SAUCE

PRISE PFEFFER

Die Zwiebeln im Öl dünsten, Salz und Peffer dazugeben. In
einer kleinen Schüssel werden Eier, Milch, Käse und Paprika
gemischt. Dann werden die gedünsteten Zwiebeln in eine
gefettete feuerfeste Schale gegeben und das Eiergemisch
darübergeschüttet. Bei Mittelhitze im Ofen 30 Minuten backen.

Seeigel

10 SEEIGEL

PRISE PFEFFER

Gourmets essen Seeigel selbstverständlich roh. Dazu wird in
die Unterseite mit einer spitzen Schere ein rundes Loch
geschnitten und die 5 gelblich-roten Eierstöcke freigelegt.
Mit einer kleinen Gabel werden sie herausgeholt und sofort
verzehrt. Den Rest ißt man mit einem Löffel.

Wem diese Art, Seeigel zu essen, nicht behagt, verfährt wie
folgt: Wasser zum Kochen bringen und die Seeigel hineingeben. Sie müssen sofort untertauchen, sonst sind sie nicht
mehr frisch! Den Topf sofort von der Flamme nehmen und die
Tiere nach der oben erklärten Methode essen.

Nicht vergessen: beim Öffnen unbedingt Handschuhe
überziehen!

Blumenkohl-Laib

2 BLUMENKOHLKÖPFE, MITTELGROSS

1 EL BUTTER ODER MARGARINE

3 PFUND GEKOCHTE KARTOFFELN

1 EL SALZ

1 TL PFEFFER

1/4 TL PAPRIKA

6 EIER

5 EL GERASPELTER KÄSE

Die Blumenkohlköpfe salzen und in einem großen Topf
weichkochen. In Stücke schneiden und trocknen lassen. In eine
feuerfeste Kasserolle geben, Butter, Paprika, Pfeffer und die
kleingeschnittenen Kartoffeln dazugeben. Gut mit den
geschlagenen Eiern mischen, Käse darüberstreuen und im Ofen
bei Mittelhitze ungefähr 30 Minuten backen.

Schinken und Bananenreis

1/2 PFUND REIS

1/2 PFUND ROHEN SCHINKEN

125 GRAMM BUTTER ODER MARGARINE

4 BANANEN

SAFT EINER ZITRONE

Den Reis kochen und völlig trocknen. In einem Topf den Schinken in Butter dünsten, den Reis dazugeben und gut durchmischen. In einer Pfanne werden die halbierten Bananen gebraten und dann sternförmig über den Reis gelegt.

Margaritas Eiersalat

4 HARTGEKOCHTE EIER

4 EL MAYONNAISE

1 TL ÖL

1 EL KETCHUP

HANDVOLL PETERSILIE

SALZ UND PFEFFER

Die Eier werden in kleine Würfel geschnitten und mit Mayonnaise, Öl und Ketchup gemischt. Abschmecken und mit Petersilie servieren.

 Eier für die Überfahrt

Kühl und trocken an Bord verstaut, halten sich frische Eier fast zwei Wochen. Durch Verschließen der Poren in der Schale, bleiben sie fast 3 Monate frisch.

Vier Methoden, von Fahrtenseglern angewandt:

1. Mit Vaseline einreiben.
2. In eine Lösung von 8 Teilen Wasser und 1 Teil gelöschter Kalk legen.
3. In einer Holzkiste verstauen und mit feinem Salz zudecken.
4. Die vielleicht beste Methode: Mit farblosem Lack streichen.

Alle Eier sollten wöchentlich einmal umgedreht werden.

Strandgut

2 TASSEN MEHL

3 TL BACKPULVER

1/4 TASSE ÖL

1 TASSE MILCH

125 GRAMM BUTTER ODER MARGARINE

PRISE SALZ

Alle Bestandteile ohne die Butter zu einem weichen Teig rühren
und in Biskuits formen. Auf ein Backblech geben und auf jedes
Plätzchen etwas Butter legen. Im heißen Ofen 15 Minuten
backen.

Fahrtenseglerbrot

6 TASSEN MEHL

1 PÄCKCHEN HEFE

2 TASSEN HEISSE MILCH

2 EL ZUCKER

2 TL SALZ

1 EL MARGARINE

1/4 TASSE WARMES WASSER

Hefe in Wasser anrühren und beiseite stellen. In einer großen
Schüssel 2 Tassen Mehl, Milch, Zucker, Salz und Margarine
mischen und langsam die Hefe dazurühren. Soviel Mehl dazugeben, bis der Teig steif wird. Gut durchkneten und mit einem
Handtuch bedeckt solange stehen lassen, bis der Teig
aufgegangen ist. Nochmals gut durchkneten und wiederum
eine halbe Stunde stehen lassen. Den Teig dann in zwei
Brotlaibe formen und auf einem gefetteten und mit Mehl
bestreuten Backblech im Ofen bei starker Hitze 30 bis 45
Minuten backen.

Abänderungen:
- Die Margarine kann durch 4–6 EL Parmesankäse ersetzt
  werden.
- Der Teig kann auch in Brötchen geformt werden.

Heloisas Gebäck

4 TASSEN MEHL

1 TASSE WARME MILCH

1/4 TASSE ZUCKER

1 TL SALZ

1/2 PÄCKCHEN HEFE

1 EI

1/4 TASSE WARMES WASSER

125 GRAMM BUTTER ODER MARGARINE

Hefe im warmen Wasser auflösen und zur Seite stellen. Milch, Butter, Zucker und Salz mischen, die Hefe dazugeben und die Hälfte des Mehls dazurühren. Den Rest des Mehls dazugeben, bis der Teig steif ist. Auf einem mit Mehl bestreuten Brett gut durchkneten. Mit einem Handtuch bedecken und eine Stunde ziehen lassen. Sobald der Teig aufgegangen ist, in kleine Küchlein formen und 30 bis 45 Minuten backen.

Abänderungen:

- Den Teig in kleine Törtchen formen und mit Marmelade füllen.
- Die Törtchen mit entkernten Datteln oder Nüssen füllen.

Zuckerguß

1 TASSE PUDERZUCKER

1/4 TASSE MILCH

SPRITZER VANILLE-EXTRAKT

SPRITZER ZITRONENSAFT

Soviel Milch mit dem Puderzucker vermischen, daß sich eine dickflüssige Paste ergibt. Mit Vanille und Zitronensaft mischen und über den Kuchen streichen.

KAPITEL 7

Wenn die Kombüse rollt

Der Sturm tobt seit Stunden. Eine tosende Hölle aus eisigem Wasser, gepeitschter Gischt und unbändigem Wind. Das Boot stampft heftig in der schweren See, und jedesmal, wenn der Bug in die anrollenden Wasserberge schneidet, fegen weiße Wasserfetzen über die Reling und schlagen Dir ins Gesicht. Wie Du Dich auch drehst und wendest, Regen und Wind dringen durch Ölzeug und Pullover — eisige Wassertropfen laufen Dir den Rücken herunter. Zitternd vor Kälte und Erschöpfung klammerst Du Dich ans Ruder und versuchst krampfhaft, das Schiff auf Kurs zu halten. Du gehst eine einsame Wache.

Plötzlich öffnet sich der Niedergang, und wie von Geisterhand wird Dir eine heiße, dampfende Suppe gereicht. Du wärmst Deine Hände an der Schale, und jeder Löffel erweckt Dich zu neuem Leben. Wieder einmal hat der Koch ein Wunder vollbracht.

Golfstrom-Erbsensuppe

1 PFUND KARTOFFELN, GESCHÄLT
UND IN SCHEIBEN GESCHNITTEN
1 DOSE CORNED BEEF
1 DOSE ERBSEN
SALZ UND PFEFFER

Die Kartoffeln werden gekocht, abgeschüttet und mit dem
kleingeschnittenen Corned beef, den Erbsen und dem Saft
der Erbsen in einem Topf gekocht. Mit Salz und Pfeffer
abschmecken. Sollte die Suppe zu dickflüssig sein, kann etwas
Wasser dazugegeben werden. Bei großer Flamme ungefähr
1 Stunde kochen.

Einfacher Borschtsch

1 GLAS ROTE BETE
1 DOSE RINDERSUPPE
2 TL ZITRONENSAFT
HANDVOLL PETERSILIE
ODER SCHNITTLAUCH

Rote Bete mit der Suppe mischen. Zitronensaft dazugeben
und erhitzen. Vor dem Servieren Petersilie oder Schnittlauch
dazustreuen.

Taifunsuppe

1 PFUND RIND-/SCHWEINEFLEISCH
1 DOSE GEMISCHTES GEMÜSE
2 ZWIEBELN, KLEINGEHACKT
1 TOMATE
125 GRAMM BUTTER ODER MARGARINE
SALZ UND PFEFFER

In einem Topf Butter erhitzen und Zwiebeln und Fleisch anbraten. Dann die Kartoffeln und den Saft der Gemüsekonserve dazugeben. 20 Minuten bei mittlerer Flamme kochen lassen. Falls nötig, etwas Wasser dazugießen. Schließlich das Gemüse dazuschütten und abschmecken.

Irish Stew

2 PFUND HAMMELFLEISCH,
IN STÜCKE GESCHNITTEN
3 PFUND KARTOFFELN
GESCHÄLT UND GEVIERTELT
8 ZWIEBELN, GEVIERTELT
1 LITER BOUILLON
SALZ UND PFEFFER

Die Hälfte der Kartoffeln und Zwiebeln in einen großen Topf geben und mit einer Schicht Fleisch zudecken. Darüber kommt der Rest der Kartoffeln und Zwiebeln. Wiederum mit einer Schicht Fleisch zudecken. Den Bouillon dazuschütten, so daß das Fleisch gerade bedeckt ist. 1 bis 1 1/2 Stunden bei mittlerer Flamme kochen lassen.

Bauernfrühstück

4 EIER
4–6 SCHEIBEN SCHINKEN
1 ZWIEBEL, KLEINGEHACKT
4 GEKOCHTE KARTOFFELN
SALZ UND PFEFFER

Den rohen Schinken in der Pfanne knusprig braten, dann vom Feuer nehmen. Zwiebel und Kartoffeln in der Pfanne braten und schließlich den Schinken wieder dazugeben. Die Eier in einem Becher schlagen und über die Kartoffeln schütten. Wie ein Omelett backen.

Mistral-Müsli

6 EL HAFERFLOCKEN

1 TASSE MILCH

1 APFEL, GESCHÄLT

UND IN STÜCKE GESCHNITTEN

1 BANANE, IN SCHEIBEN

1 TL ZITRONENSAFT

2 EL ROSINEN

3 EL NÜSSE, KLEINGEHACKT

2 EL BRAUNER ZUCKER

Die Haferflocken werden in der Milch kurz eingeweicht, dann
werden die übrigen Bestandteile dazugemischt. Nach
Geschmack süßen.

Biergulasch

3 PFUND SCHWEINEFLEISCH

2 PFUND ZWIEBELN

2 DOSEN TOMATENMARK

2 DOSEN BIER

2 LORBEERBLÄTTER

PRISE PAPRIKA

SALZ UND PFEFFER

Das Fleisch in Würfel schneiden und anbraten. In einem großen
Topf mit Zwiebeln, Lorbeerblättern, Bier, Salz, Pfeffer,
Paprika und Tomatenmark mischen und mehrere Stunden bei
mittlerer Flamme kochen lassen, bis das Fleisch weich ist.

»Auf allen meinen Reisen habe ich jeden Morgen einen Schluck
Seewasser getrunken. Das war wohl meine einzige Medizin.«

Johannes C. Voss

Verstopfung und Durchfall

Nicht selten beginnt eine See-reise mit Verstopfung, verur-sacht durch Änderung der Um-gebung und der Ernährung. Man sollte dies jedoch nicht allzu ernst nehmen; zwei bis drei Tage ohne Stuhlgang schadet dem Körper nicht. Ausreichend Flüssigkeit – wenn möglich heiß –, frische Früchte, Gemüse und Gymnastik werden schnelle Abhilfe schaffen.

Durchfall hingegen ist pro-blematischer. Häufigste Ur-sachen sind: Das Verzehren von schlechten Nahrungs-mitteln – durch Bakterien ver-dorben, schlecht gereinigt oder gekocht, zulange aufbewahrt oder in Reichweite von Mücken und Fliegen – oder Getränken, unreifen oder überreifen Früchten, schlechtgewordenen Konserven oder unreinem Wasser.

Behandlung: kaum oder kein Essen, viel Flüssigkeit, um De-hydrierung zu vermeiden, wenig Bewegung. Sollte nach zwei Tagen noch immer keine Besserung eintreten, ist es ratsam, den nächsten Hafen anzulaufen und einen Arzt aufzusuchen.

Santiagos Chilli

3 PFUND RIND-/SCHWEINEFLEISCH

2 DOSEN FLEISCHSUPPE

4–6 TL CHILLIPFEFFER

3–5 KNOBLAUCHZEHEN

6 EL MEHL

1 TL OREGANO

5 EL ÖL

SALZ

In einer tiefen Pfanne Öl erhitzen und das in Würfel geschnittene Fleisch anschmoren. Mehl, Chillipfeffer, Salz, Oregano, Fleischsuppe und Knoblauch dazugeben und bei kleiner Flamme mehrere Stunden schmoren, bis das Fleisch gar ist.

Steuerbord-Frikadellen

1 DOSE CORNED BEEF

4 GROSSE KARTOFFELN, GEKOCHT

2 EIER

2 EL BUTTER ODER MARGARINE

HANDVOLL MEHL

SALZ UND PFEFFER

Die Kartoffeln zerdrücken und mit den Eiern mischen. Salz, Pfeffer und das kleingeschnittene Corned beef dazugeben. Gut mischen und in mehrere kleine Frikadellen formen. Mit Mehl bestreuen und in der ausgelassenen Butter braun braten.

Ungarischer Gulasch

3 PFUND SCHWEINEFLEISCH

2 PFUND ZWIEBELN

1 DOSE TOMATENMARK

1 DOSE BIER

1/2 TASSE ÖL

2 LORBEERBLÄTTER

PRISE PAPRIKA

SALZ UND PFEFFER

Das Fleisch im Öl anbraten. Lorbeerblätter und Zwiebeln dazugeben und 10 Minuten schmoren lassen. Bier und Tomatenmark hinzugeben und zum Kochen bringen. Mit Salz, Pfeffer und Paprika abschmecken und mehrere Stunden bei kleiner Flamme garen lassen.

 Anschovis
im Eimer

3–4 Kilo frische, aber nicht ausgenommene Anschovis werden schichtweise in einen Eimer gelegt. Jede Schicht gut mit grobkörnigem Salz einstreuen. Auf die obersten Fische wird ein Brett oder der Deckel eines Kochtopfes gelegt und mit einem Stein beschwert. Nach ungefähr 10 Tagen wird der gezogene Saft abgegossen. Dann erst werden die Fische ausgenommen, gereinigt, von Kopf und Schwanz befreit und erneut in den Eimer gelegt und gesalzen. Den Saft dazugeben und mit Brett und Stein beschweren. Nach 4 Wochen schmecken sie ausgezeichnet. Sie halten sich monatelang.

Maisbrot Orion

1/4 PFUND MAISMEHL

1 TASSE MILCH

3 EIER

2 EL BUTTER ODER MARGARINE

PRISE SALZ

Milch in einem großen Topf erwärmen und langsam das Mehl einrühren. Nicht zum Kochen bringen. Salz und Butter hinzufügen und vom Feuer nehmen. Einzeln die Eigelb dazugeben, danach das steif geschlagene Eiweiß. Die Mischung in eine gefettete Backform geben und bei mittlerer Hitze 30 Minuten im Backofen backen.

Captain Bligh's Brotpudding

6 SCHEIBEN ALTES BROT

2 FINGER RUM

2 TASSEN MILCH

4 EIER

SPRITZER VANILLE-EXTRAKT

1/2 TASSE ZUCKER

Das Brot in Stücke brechen und Boden und Wände einer Backform damit auslegen. Milch, Zucker, Vanille und Rum in einem kleinen Topf mischen und erhitzen. Die Eier steif schlagen und mit der abgekühlten Milch verrühren.
Die Mischung über die Brotstücke gießen und 30 Minuten im Backofen bei Mittelhitze backen.

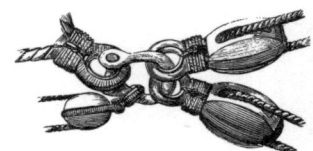

KAPITEL 8

Für seekranke Seebären

Kraftlos hängt sein Körper über der Reling —
leer starren seine Augen in die grüne See. Der
seekranke Seemann ist ein bedauernswerter
Anblick. Schwach, bleich und hilflos hat er
sich seinem Schicksal ergeben. Navigation
ist vergessen, Seemannschaft bedeutet ihm
nichts mehr, und jede anrollende Welle färbt
sein Gesicht nur noch grüner. Er weiß, daß er
sterben wird, und noch mit letzter Kraft bindet
er sich am Mast fest und wartet auf das
unabwendbare Ende.

Nur der Koch kann ihn noch retten. Seine
Kombüse wird zur Apotheke. Brei, Tee,
Suppe und Pudding — die Heilmittel eines
seefahrenden Kochdoktors. Mit einfacher
Nahrung und mitfühlendem Verständnis
erweckt er den todkranken Seemann löffelweise zu neuem Leben.

Lazarettsuppe

4 TASSEN MILCH

3 EL HAFERFLOCKEN

2 EL ZUCKER

1 EL BUTTER, PRISE SALZ

Die Milch erhitzen, dann die Haferflocken dazugeben, mehrmals rühren und für 10 Minuten kochen lassen. Salz und Zucker einrühren und kurz vor dem Servieren die Butter dazugeben.

 Bemerkungen zur Seekrankheit

90% aller Menschen werden mehr oder weniger seekrank.

Besonders anfällig: *Frauen, Kinder zwischen 2 und 10 Jahren, schlanke, blutarme und blasse Menschen, Übergewichtige.*

Kaum anfällig: *Babys, alte Menschen, Taubstumme.*

Ursachen: *Die Bootsbewegung stört den Gleichgewichtssinn im Innenohr. Dazu kommt die Reizung des Brechzentrums durch Augen und Geruchssinn. Schlechte körperliche und psychische Verfassung fördert Seekrankheit erheblich.*

Symptome: *Kopfschmerzen, kalter Schweiß, Übelkeit und Schwächegefühle, Erbrechen. In schlimmen Fällen Depressionen bis zur Selbstmordabsicht.*

Hilfsmittel: *Eine große Anzahl wirkungsvoller Medikamente ist auf dem Markt.*

Doch an Bord haben sich Zäpfchen am besten bewährt, da Tabletten wieder erbrochen werden.

Schon an Land kann man den Gleichgewichtssinn trainieren. Mehrmals täglich in einer Hängematte schwingen oder sich durch Rumpf-, Kopf- und Augenkreisen auf die Bewegungen auf See vorbereiten.

Vor Antritt der Reise: Warme, aber nicht zu schwere Mahlzeit zu sich nehmen. Sich warm und trocken halten. Ein leerer Magen schützt vor Seekrankheit nicht.

Wenn Du seekrank bist: Nicht unter Deck gehen. Warm und trocken halten. Tief atmen, Augen schließen und sich hinlegen, doch regelmäßig leichte Kost zu sich nehmen.

Und nicht vergessen: Schon so manche Brille ruht auf dem Meeresgrund – deshalb die Brille rechtzeitig weglegen!

»Wir hatten kräftig zugelangt und die Folge war eine Fisch-
vergiftung. Solche Fälle können leicht mit dem Tode enden,
wenn man nicht schnell was dagegen unternimmt. Wir erin-
nerten uns an den Senf, der mir auf der Wessel-Insel so ausge-
zeichnete Dienste geleistet hatte. Das Gebräu war bald fertig,
jeder schluckte seinen Teil hinunter, und postwendend waren
wir von den Schmerzen befreit.«

Johannes C. Voss, *»Im Kanu um die Welt«*

Milchstraßenreis

I LITER MILCH
I TASSE REIS, 4 EL ZUCKER
I STÜCK ZITRONENSCHALE, PRISE SALZ
EINIGE TROPFEN VANILLE-EXTRAKT

Milch, Reis, Salz und Zitronenschale in einem Topf 30 Minuten
ziehen lassen. Auf kleiner Flamme den Reis weichkochen.
Vanille-Extrakt einmischen und Zucker daraufstreuen.

Seewolfs Brot

I EI
I TASSE MILCH
I TASSE HAFERFLOCKEN
I TASSE GEKOCHTER REIS
I/2 TASSE MEHL
3 TL BACKPULVER, PRISE SALZ
HANDVOLL ROSINEN

Das Ei schlagen, Salz, Haferflocken, Reis, Rosinen und Milch
dazumischen. Dann Mehl und Backpulver einrühren. Sobald
der Teig steif ist, in eine gefettete Backform geben und im
Backofen bei mittlerer Temperatur 30 Minuten backen.

Gestrandete Eier

2 »VERLORENE EIER«

2 GEKOCHTE KARTOFFELN

2 EL MILCH

2—4 EL PARMESANKÄSE

Kartoffeln und Milch zu einem Brei verarbeiten. Die
»verlorenen Eier« darauflegen und mit Käse bestreuen.

Französischer Toast

SCHINKEN UND/ODER KÄSESCHEIBEN

2 EIER

1/2 TL ZUCKER

4 SCHEIBEN BROT

2 EL BUTTER ODER MARGARINE

SALZ UND PFEFFER

Eier, Salz, Zucker und Pfeffer in einer Schale gut verrühren.
Brotscheiben einzeln in die Mischung tauchen. Butter in einer
Pfanne erhitzen und das eingeweichte Brot darin braun braten.
Mit Schinken oder Käsescheiben servieren.

Saragossa-Omelett

1 DOSE GEMISCHTES GEMÜSE

4 EIER

2 EL BUTTER ODER MARGARINE

1 ZWIEBEL, IN SCHEIBEN

1/2 TL BASILIKUM

PFEFFER UND SALZ

Die Zwiebeln in Butter braun braten. Den Saft der Gemüsekonserve abgießen und das Gemüse in die Bratpfanne geben.
Mit Salz, Pfeffer und Basilikum abschmecken. Dann die Eier
dazugeben, gut mischen und auf beiden Seiten backen.

 Honig – die beste
Medizin

Honig gibt unmittelbar Kraft und Energie und ist somit ein wichtiger Bestandteil der Bordverpflegung. Normaler Zucker muß erst verdaut werden, ehe er in Energie umgesetzt werden kann. Honig hingegen wurde schon von der Biene vorverdaut und wirkt daher sofort.

Doch damit ist der Anwendungsbereich für Honig an Bord noch nicht erschöpft:

● Bei Halsschmerzen schafft ein heißer Trank aus Honig, Wasser oder Milch schnelle

● Bei Unfällen wird Honig auf Wunden und Brandstellen gestrichen und stoppt so Blutungen, schließt Wunden luftdicht ab und verhindert das Entstehen von Brandblasen.

● 2–3 Teelöffel Honig täglich werden nervenberuhigende Wirkungen nachgesagt.

● Honig mit Glycerin gemischt ergibt eine ausgezeichnete Heilcreme für rauhe und aufgesprungene Haut und Hände.

Kühl gelagert fast unbegrenzt haltbar. Wenn er kristallisiert, im Wasserbad erhitzen.

Elmsfeuer

3 EIGELB

1 TASSE HEISSE MILCH

2 SCHEIBEN BROT

PRISE MUSKATNUSS

Eigelb mit der Prise Muskatnuß mischen, dann Milch dazugießen und gut verrühren. Die Brotscheiben in eine kleine Schüssel legen und die Mischung darübergießen.

Des kranken Seemanns Wundergrog

2 FINGER LEICHTER RUM

1 TASSE HEISSE MILCH

1 EL HONIG

1 NELKE

Milch und Rum zusammen erhitzen, damit ein Teil des Alkohols verdampft. Honig und Nelke dazugeben und heiß servieren.

»Denn ich frage: Sind unter den lästigen Pillen und Tränklein der Herren Medici auch welche, die einem Mann so nützlich sind und so zu Kraft und Gesundheit verhelfen wie Lammbraten mit grünen Erbsen, um nur ein Beispiel zu nennen? Ist Kalomelpulver oder Laxierkonfekt etwa ebenso stärkend? Kann sich ein geschwächter Magen an einer Oblate erholen? Hat man etwas davon, wenn man ein Pulver schluckt?

Die Doktoren der Bratpfanne bringen einen Menschen höchstens einmal aus Unmaß um, oder sie hängen ihm Kopfschmerzen an.

Stirbt man von den Händen eines Pillendreher-Doktors, so hat man dabei nie einen so angenehmen Geschmack im Mund, wie wenn man durch den Bratpfannen-Doktor stirbt.«

Herman Melville, »Redburn«

Reisauflauf

1/2 PFUND GEKOCHTER REIS

2 TASSEN MILCH

3 EL ZUCKER

1 TL ZITRONENSAFT

125 GRAMM BUTTER ODER MARGARINE

4 EIGELB

HANDVOLL ROSINEN

Reis, Rosinen, Zitronensaft und Milch mischen und gut durchrühren. Den Teig dann in eine gefettete Backform geben. Eigelb mit etwas Milch gut durchschlagen und dann über den Reis gießen. Butterflöckchen obenauf legen und im heißen Backofen 10 bis 15 Minuten backen.

Pfannkuchen Blue Nose

1 DOSE MAISKORN
3 EIER
1 TL MEHL
2 EL BUTTER ODER MARGARINE
SALZ UND PFEFFER

In einer Schüssel werden Eigelb, Mehl, Salz, Pfeffer und die Maiskörner gemischt. Eiweiß steif schlagen und dazurühren. Butter in einer Pfanne auslassen und den Teig wie Pfannkuchen backen.

Cunji-Wasser

3 EL REIS
1 TL ZITRONENSAFT
2 TASSEN WASSER
PRISE SALZ

Den Reis für fast eine Stunde bei kleiner Flamme im Wasser kochen, dann gut abtropfen lassen. Das abgeseihte Kochwasser mit Zitronensaft und Salz mischen. Heiß servieren.

Eiweiß-Wasser

4 EIWEISS
SAFT EINER HALBEN ZITRONE
1 TASSE WASSER
1 TL ZUCKER

Das Eiweiß gut schlagen, dann Wasser, Zitronensaft und Zucker dazurühren. Einige Minuten ziehen lassen, dann servieren.

KAPITEL 9

Sternstunden des Segelns

Vom Stapellauf bis zur Abwrackwerft ist das Leben eines Schiffes mit aufregenden und besonderen Augenblicken angefüllt. Sei es die erste Nacht auf See, ein geglückter 100-Meilen-Törn, das Überqueren eines Ozeans, Ankern in einer romantischen Bucht, der Verlust eines Mastes oder auch nur ein sonniger Tag im Yachtklub.

All das verlangt nach einer gebührenden, kulinarischen Würdigung, nach Cocktailparty, Zechgelage und Festschmaus. Hier ist der Koch in seinem Element.

Nach der Regatta

Royal Beef Stroganoff

1 1/2 PFUND LENDENFLEISCH,
IN DÜNNE STREIFEN GESCHNITTEN

1 DOSE PILZE

1 ZWIEBEL, KLEINGEHACKT

2 KNOBLAUCHZEHEN, KLEINGEDRÜCKT

1 DOSE RINDFLEISCHBRÜHE

HANDVOLL PANIERMEHL

2 EL BUTTER ODER MARGARINE

SALZ UND PFEFFER

1 TASSE SAURE SAHNE

Zwiebeln und Knoblauch in Butter dünsten. Das Fleisch salzen und pfeffern und mit Paniermehl bestreuen und in der Pfanne braun braten. Alles in einen Topf geben, die Suppe dazuschütten und 30 Minuten bei mittlerer Flamme kochen lassen. Kurz vor dem Auftragen die Pilze dazugeben und die saure Sahne einrühren.

Betrunkene Zwiebeln

6 GROSSE ZWIEBELN

2 GLÄSER WEIN, WEISS ODER ROT

1 EL OLIVENÖL

1 GLAS WASSER

Die Zwiebeln in einem Topf im Olivenöl andünsten. Den Wein dazugeben und gerade soviel Wasser, daß die Zwiebeln halb bedeckt sind. Dann im Backofen bei mittlerer Hitze 30 Minuten backen.

Poseidons Rumpfannkuchen

6–8 PFANNKUCHEN

1/4 PFUND MANDELN, KLEINGEHACKT

4 EIER

4 EL ZUCKER

2 FINGER RUM

4 EL BUTTER

SPRITZER ZITRONENSAFT

Zucker, Eigelb und die Hälfte der Butter schaumig schlagen.
Rum, Mandeln und Zitronensaft dazugeben. Die Pfannkuchen
in kleine Streifen schneiden und in die Mischung einrühren.
In eine mit dem Rest der Butter gefettete, feuerfeste Form
geben und im Backofen bei Mittelhitze 30 Minuten backen.

Am Leuchtturm vorbei

Salat »Blauer Peter«

1 KOPF WEISSKOHL, IN KLEINE
STREIFEN GESCHNITTEN

1/2 TL ZUCKER

2 MÖHREN, IN SCHEIBEN GESCHNITTEN

2 ANANASRINGE, KLEINGESCHNITTEN

1/4 PFUND GEKOCHTER SCHINKEN,
IN WÜRFEL GESCHNITTEN

1 EL SENF

1 EL ESSIG

1 TL SALZ

PRISE SCHWARZER PFEFFER

Kohl, Möhren, Ananas und Schinken in eine Salatschüssel
geben und mit der Sauce aus Senf, Salz, Pfeffer, Zucker und
Essig gut durchmischen.

Lee-Leber

4 DICKE SCHEIBEN LEBER

125 GRAMM BUTTER

2 EL MEHL

1/2 GLAS SHERRY ODER WEISSWEIN

1/2 EL SALZ

PRISE PFEFFER

Die Butter in der Pfanne schmelzen und die mit Mehl bestreuten Leberscheiben darin backen. Aus der Pfanne nehmen und den Sherry mit der restlichen Butter zu einer Sauce rühren und über die Leber gießen.

Gebackene Äpfel

3 GROSSE ÄPFEL

1/4 PFUND ZUCKER

2 TASSEN HEISSES WASSER

HANDVOLL ROSINEN

HANDVOLL NÜSSE, KLEINGEHACKT

PRISE ZIMT

Die Gehäuse aus den Äpfeln stechen und mit Rosinen und Nüssen füllen. In einem kleinen Topf werden Wasser, Zucker und Zimt einige Minuten gekocht. Die Äpfel auf ein gefettetes Backblech geben und vorsichtig die Sauce darübergießen. Im Backofen bei kleiner Flamme 30 Minuten backen.

»Durch schlechte Köche und den vollkommenen Mangel an Vernunft in der Küche ist die Entwicklung der Menschheit am längsten aufgehalten und am schlimmsten beeinträchtigt worden.«

Nietzsche, »Jenseits von Gut und Böse«

Seebären-Omelett

8 EIER
4 TOMATEN, IN SCHEIBEN GESCHNITTEN
1 ZWIEBEL, IN SCHEIBEN GESCHNITTEN
1 KNOBLAUCHZEHE, KLEINGEHACKT
1 PAPRIKASCHOTE, KLEINGESCHNITTEN
2 EL OLIVENÖL
3 EL GEKÖRNTE RINDERBRÜHE
2 EL DOSENMILCH
125 GRAMM BUTTER
10 SCHWARZE OLIVEN, ENTKERNT
HANDVOLL PETERSILIE
SALZ UND PFEFFER

Olivenöl in einem Topf erhitzen und Tomaten, Zwiebeln,
Knoblauch, Paprika, gekörnte Brühe, Salz und Pfeffer darin
schmoren. Die Eier schlagen, mit etwas Petersilie mischen und
in der Pfanne wie ein Omelett backen. Über das fertige Omelett
werden die geschmorten Gemüse gegeben und mit Petersilie
und Oliven serviert.

Knoblauch-Toast

8 SCHEIBEN BROT
3 EL OLIVENÖL
5 KLEINGEHACKTE KNOBLAUCHZEHEN

Knoblauch mit Olivenöl mischen und über die Brotscheiben
streichen. Braun toasten.

Geburtstag auf See

Süß-saurer Salat

2 SALATGURKEN ODER I WEISSKOHL,

IN SCHEIBEN ODER STREIFEN GESCHNITTEN

I/2 TASSE WEINESSIG

I/2 TASSE WASSER

I EL ZUCKER

I ZWIEBEL, KLEINGEHACKT

HANDVOLL PETERSILIE

SALZ UND PFEFFER

I/4 TASSE SALATÖL

Salatgurken oder Weißkohl in eine Salatschüssel geben und
mit der Sauce aus den obengenannten Bestandteilen gut
mischen. Wenn möglich, eine Stunde ziehen lassen.

Geburtstags-Pfeffersteak

4 STEAKS

4 FINGER COGNAC

4 TL SCHWARZER PFEFFER

2 TL ÖL

6 EL BUTTER

6 EL KONDENSMILCH

PRISE SENFPULVER

Die Steaks mit Öl bestreichen und Pfeffer darüberstreuen.
Butter in einer Pfanne erhitzen und die Steaks darin braten.
Mit Cognac flambieren und aus der Pfanne nehmen. Milch und
Senfpulver mit der zurückgebliebenen Butter mischen und über
die Steaks geben.

Crêpes Marins

2 TASSEN MEHL
4 EIER
1 TASSE MILCH
1 TASSE WASSER
4 EL BUTTER
PRISE SALZ
ÖL

Mehl, Eier, Salz, Milch, Wasser und Butter zu einem Teig rühren. Wenn möglich, an einer kühlen Stelle für 1 Stunde ziehen lassen. Öl in die Pfanne geben und stark erhitzen, dann Teig dazugeben und möglichst dünne Crêpes backen. Backzeit 1 Minute je Seite.

Crêpes werden mit Butter, Marmelade oder Zucker serviert oder auch mit Rum oder Cognac flambiert.

 Kombüsengehilfen

MÖRSER: *Gehört zur »hohen Schule des Kochens an Bord«. Um getrocknete Kräuter zu zerreiben, Pfeffer und Knoblauch zu zerstampfen, unentbehrlich. Mörser aus Holz sind preiswert und fast überall erhältlich.*

WIEGEMESSER: *Der Geheimtip des seefahrenden Kochs. Zum Zerhacken von frischen Kräutern, Wiegen von Zwiebeln, Knoblauch und Nüssen. Der Heftpflasterverbrauch ist wesentlich geringer als bei herkömmlichen Messern.*

FLASCHENGRIFF: *Die auswechselbaren Flaschengriffe passen sich mit ihrer Universalklemme fast jeder Flaschengröße an. Besonders bei rauher See sind sie an Öl- und Essigflaschen sehr von Vorteil. Von Ölplastikflaschen ist abzuraten, da sie sehr leicht brechen und undicht werden. Eine dickwandige Glasflasche ist in jedem Fall »seetüchtiger«.*

TOASTER: *Aus weichem Toastbrot werden auch noch nach Wochen mit diesem einfachen Instrument frische und knusprige Sandwiches gemacht. Einfach über die Flamme des Kochers legen.*

Zusammentreffen
mit »Mary Celeste«

Blutige Suppe

2 TASSEN ROTWEIN

2 EL REIS

3 EL ZUCKER

2 NELKEN

PRISE ZIMT

Wasser zum Kochen bringen, Zimt, Nelken und Reis dazugeben und 15 Minuten kochen lassen. Sobald der Reis gar ist, Wein und Zucker einrühren. Erneut erhitzen, aber nicht zum Sieden bringen.

Atlantis-Soufflé

6 EIER

4 EL BUTTER

FÜLLUNG: 1 TASSE GERIEBENER

KÄSE ODER FLEISCHSTÜCKCHEN

1 TL SALZ

PRISE PFEFFER

Salz und Eiweiß mischen und sehr steif schlagen. In einem anderen Gefäß Eigelb und Pfeffer mischen und ebenfalls schlagen. Dann das Eiweiß zum Eigelb geben und vorsichtig umrühren. In einer Pfanne Butter auslassen und die Eimischung hineingießen, dann erst die Füllung. Nicht mehr umrühren! Nach einer Minute die Pfanne vom Feuer holen und im Backofen noch 5–10 Minuten bei mittlerer Temperatur backen lassen.

Jerez-Bananen

8 BANANEN

4 EL BUTTER

3 EL HONIG

3 FINGER SHERRY

SAFT EINER ZITRONE

Bananen in eine gefettete Backform geben und Zitronensaft
darüberträufeln. Honig, Sherry und Butter gut mischen und
über die Bananen schütten. Bei kleiner Hitze im Ofen ungefähr
20 Minuten backen. Mehrmals mit einem Löffel die Bananen
mit dem Saft übergießen.

 Vitamine
*sind Zusatznähr-
stoffe pflanzlicher Herkunft.
Ihr Mangel oder Fehlen kann zu
Störungen des Körperhaushal-
tes, schweren Erkrankungen
und gar zum Tode führen. Seeleute vergangener Jahrhunderte
hatten unter dieser »Dornen-
krone« der Seefahrt schwer zu
leiden. Möglichst ausgewogene
Ernährung ist auch heute noch
auf langen Segelreisen oberstes
Gebot.*

VITAMIN A

Mangelerscheinung:
*Nachtblindheit, trockene und
aufgesprungene Haut, sprödes
Haar, Haarausfall, Anfällig-
keit für Infektionskrankheiten*
Vorkommen:
*Gemüse, besonders Kresse und
Petersilie, Dorschleber, Milch-
produkte*

VITAMIN-B-KOMPLEX

Mangelerscheinung:
*Nervosität, Müdigkeit, Kopf-
schmerzen, rauhe Haut, Schlaf-
losigkeit, Blähungen, Verstopfung*
Vorkommen:
*Getreide, Milch, Joghurt, Leber,
grünes Blattgemüse, Brauhefe*

VITAMIN C

Mangelerscheinung:
*Müdigkeit, Depressionen,
Kopfschmerzen, Glieder- und
Gelenkschmerzen, Skorbut*
Vorkommen:
*Frische Gemüse und Früchte,
besonders Zitrusfrüchte*

VITAMIN D

Mangelerscheinung:
*Knochen und Zähne werden
geschwächt und nicht zur
nötigen Stärke aufgebaut*
Vorkommen:
*Milch, Butter, Eier, Fischöl,
grüne Gemüse*

KAPITEL 10

Am Strand

»Land ahoi« kommt der Schrei vom Ausguck, und urplötzlich ändert sich die Atmosphäre an Bord. Die mechanische Routine der langen Seereise ist mit einem Male gebrochen, und die Gedanken eines jeden wandern zu dem Stückchen Land am Horizont. Die Überfahrt ist geschafft. Der Kapitän kramt eine neue Karte hervor und beginnt, sich um Tiden, Strömungen, Riffs und Ankerplätze zu sorgen. Vergessen sind harte Decksarbeit und die langen, monotonen Nachtwachen; aufgeregt und voller Erwartung unterhalten sich die Männer über neue Bars, langersehnte Post, frische Früchte und exotische Frauen.

Der Koch aber hat andere Sorgen. Ruhig und gelassen sucht er seine Gewürze, Saucen und Grillgeräte zusammen. Nur allzu gut weiß er, daß seine Männer nach saftigen Spießbraten, im Feuer gebackenen Kartoffeln und zarten Spanferkeln hungern. Und für ein Barbecue muß er seine Kombüse am Strand aufbauen.

Fisch-Barbecue-Sauce

1 TASSE WEISSWEIN

1 DOSE TOMATENMARK

1 ZWIEBEL, KLEINGEHACKT

4 KNOBLAUCHZEHEN, ZERKLEINERT

1/4 SELLERIEKNOLLE, IN STREIFEN

SPRITZER TABASCO

SPRITZER WORCESTERSAUCE

PRISE THYMIAN UND ROSMARIN

SALZ UND PFEFFER

Alle Bestandteile außer dem Wein in einem Topf erhitzen.
Dann den Wein langsam dazuschütten und die Mischung kurz
aufkochen lassen. Bei kleiner Flamme noch weitere 30 Minuten
kochen. Kann heiß und kalt serviert werden.

Variationen:
- Sherry anstelle des Weines macht die Sauce süßer.
- Mehr Tabasco oder Chilli gibt einen scharfen
  mexikanischen Geschmack.
- Anstelle von Worcestersauce und Tabasco kann mehr
  Tomatenmark mit Basilikum und Oregano verwendet
  werden. Es schmeckt dann mehr nach italienischer Küche.

Chimichurri

6 KNOBLAUCHZEHEN, ZERKLEINERT

4 TL ÖL

1/2 TASSE ESSIG

1/2 TASSE HEISSES WASSER

1 TL SCHWARZER PFEFFER

6 TL OREGANO

1 TL CAYENNE-PFEFFER

SALZ

Alle Bestandteile gut mischen und in ein verschließbares Glas
geben. Die Sauce hält sich fast unbegrenzt.

Bierburgers

2 PFUND HACKFLEISCH
I ZWIEBEL, KLEINGEHACKT
I PAPRIKASCHOTE, KLEINGEHACKT
2 EL BUTTER ODER MARGARINE
1/4 TASSE KETCHUP
I EI
I DOSE BIER
2 TL MAIZENA
SPRITZER WORCESTERSAUCE

Butter in einer Pfanne erhitzen und darin Zwiebeln und Paprikaschote weich schmoren. Dann Ketchup, Worcestersauce, Maizena und Bier dazugeben. Die Mischung kurz aufkochen lassen und noch 10 Minuten bei kleiner Flamme garen. Hackfleisch mit dem Ei gut mischen, in Küchlein formen und von beiden Seiten grillen. Während des Grillens mehrmals beide Seiten mit der Sauce bestreichen.

Speigatt-Steak

4 STEAKS
4 SCHEIBEN SCHINKEN, ROH
4 LORBEERBLÄTTER
3 EL ÖL
I EL TOMATENMARK
PRISE BASILIKUM
SALZ UND PFEFFER

Öl, Tomatenmark, Salz, Pfeffer und Basilikum zu einer Marinade rühren und die Steaks mehrere Stunden darin ziehen lassen. Den rohen Schinken in Streifen schneiden und zusammen mit den Lorbeerblättern mit Hilfe von Zahnstochern an den Kanten der Steaks befestigen. Von beiden Seiten grillen, nur einmal wenden.

»*Wir ließen uns am Strand nieder und machten uns an die Zubereitung eines Festmahles, das sich sehen lassen konnte. Die auf dem Rost gebratenen Koteletts des Waldschweines verbreiteten einen herrlichen Duft. Dazu gab es Sagobrei, Brotfruchtspeise, zwei Waldtauben, einige Mangofrüchte und ein halbes Dutzend Ananas. Wir tranken gegorene Kokosmilch dazu, die uns lustig machte.*«

 Jules Verne, »*20 000 Meilen unter dem Meer*«

Steak-Butter

125 GRAMM BUTTER ODER MARGARINE

2 KNOBLAUCHZEHEN, ZERKLEINERT

2 EL ZITRONENSAFT

HANDVOLL PETERSILIE

SPRITZER TABASCO ODER

PRISE CAYENNE-PFEFFER

Mit einer Gabel die Butter mit den übrigen Bestandteilen mischen und zu jedem Steak servieren.

Küchenmeisters Krautsalat

1 WEISSKOHL, KLEINGESCHNITTEN

1 TASSE SAURE SAHNE

1 EL ZUCKER

1 EL MEERRETTICH

1 TL SENFPULVER

SAFT EINER ZITRONE

SALZ UND PFEFFER

In einer Schüssel die Sauce anrühren. Falls zu dickflüssig, mit etwas Wasser oder Milch verdünnen. Gut mit dem Weißkohl mischen und längere Zeit ziehen lassen.

Gegrillte Heringe »Feuerschiff«

4–6 HERINGE

SAFT EINER ZITRONE

1 EL SENF

4 EL ÖL

1 TASSE GERIEBENER KÄSE

PAPRIKA

SALZ

Die Heringe säubern, salzen und innen mit Zitronensaft
beträufeln und mit Senf einstreichen. Die Außenseite mit Öl
einreiben und auf den Grill legen. Sollte die Außenseite schnell
trocknen, können noch einige Öltropfen dazugegeben werden.
Kurz vor Schluß den Käse darüberstreuen.

Fisch vom »Rostigen Rost«

1 FISCH VON ETWA 4 PFUND

1 ZITRONE

3 EL ÖL

2 EL TOMATENMARK

KRÄUTER DER PROVENCE

SALZ

Die Innenseite des Fisches mit Tomatenmark einstreichen
und die Kräuter der Provence dazustreuen. Von außen dann
gut mit Öl einreiben. Je nach Glut 10 bis 15 Minuten von beiden
Seiten grillen. Sollte der Fisch von außen stark austrocknen,
können noch einige Tropfen Öl dazugegeben werden. Mit
Zitronensaft beträufeln – und mit den Fingern essen, wie auf
der Osterinsel.

Grillfisch »Costa Brava«

1 DICKES FISCHFILET

1 ZITRONE IN SCHEIBEN GESCHNITTEN

2—3 KNOBLAUCHZEHEN

2—3 EL BUTTER ODER MARGARINE

SALZ UND PFEFFER

Aluminiumfolie auf den Grill legen und die Ecken hochbiegen. Die Vertiefung mit den Zitronenscheiben auslegen und das Filet auf die Zitronen legen. Butter mit zerstampftem Knoblauch darüberstreichen, salzen und pfeffern je nach Geschmack. Mehrmals mit dem Saft, der sich in der Folie ansammelt, den Fisch überpinseln.

Sabines Superfisch

1/2 TASSE SOJASAUCE

1/2 TASSE APFELSINENSAFT

4 EL KETCHUP

2—3 KNOBLAUCHZEHEN, ZERSTAMPFT

SAFT EINER ZITRONE

PFEFFER

Alle Bestandteile werden gemischt und der Fisch etwa eine Stunde darin mariniert. Dann auf den heißen Grill legen und noch mehrmals während des Grillens mit der Marinade überstreichen.

 <u>Das Auffangen von Regenwasser</u>

Um das vom Segel ablaufende Regenwasser aufzufangen, wurde oft nur ein Eimer unter den Großbaum gehängt. So füllten sich die ersten Eimer zwar recht schnell, doch war das Wasser meist sehr salzig und somit unbrauchbar. Erst wenn der Regen das Salz aus dem Segel gewaschen hatte, wurde die Qualität des aufgefangenen Wassers besser – doch meist war dann der Regenschauer schon fast vorüber.

Um jeden Schauer bis zum »letzten Tropfen« zu nutzen, spannten wir eine extra für diesen Zweck angefertigte Plastikplane – mit Schnüren an den Ecken versehen – je nach Windrichtung zwischen Wanten, Baum und Handlauf. Durch einen Ablauf wurde das frische Regenwasser direkt in Wasserkanister geleitet.

Gegrillte Gemüse

Zwiebeln

4 ZWIEBELN, IN DICKE SCHEIBEN GESCHNITTEN
3 FINGER WHISKY
1 EL OLIVENÖL
SALZ UND PFEFFER

Jede Zwiebelscheibe mit etwas Whisky und einem Tropfen Olivenöl beträufeln, salzen, pfeffern und sofort grillen.

Tomaten

4 TOMATEN, HALBIERT
3 FINGER GIN
1 EL OLIVENÖL
SALZ UND PFEFFER

Wie die Zwiebeln zubereiten und grillen.

Maiskolben

4 GROSSE MAISKOLBEN
3 FINGER RUM
1 EL ZUCKER
2 EL BUTTER ODER MARGARINE
SALZ UND PFEFFER

Aus den Bestandteilen eine Sauce rühren und über die Maiskolben streichen, während sie grillen.

 Reis auf
Reisen

Kühl, trocken und gut belüftet hält sich Reis über Jahre und ist daher als »Reserve« an Bord besonders geeignet. Doch ehe man ihn in ganzen Säcken einkauft und an Bord schleppt, sollte man zuvor die jeweilige Sorte ausprobieren, denn Reis ist in Qualität und Geschmack sehr unterschiedlich.

Um die Stärke, die den Reis klebrig machen kann, zu entfernen, empfiehlt es sich, den Reis vor dem Kochen zu waschen. Will man die Augen mitessen lassen und den Reis blütenweiß servieren, gibt man dem Kochwasser einige Tropfen Zitronensaft zu.

Je nach Reisart variiert die Kochmethode:

WASSERREIS

Gesalzenes Wasser zum Kochen bringen. 1–2 EL Öl dazugeben.

Den gewaschenen Reis 15–20 Minuten kochen. Im Sieb abtropfen lassen und im Backofen kurz trocknen.

QUELLREIS

Gesalzenes Wasser zum Kochen bringen. Den gewaschenen Reis dazugeben und solange kochen, bis der Reis weich und das Wasser fast verdampft ist (25–30 Minuten).

RISOTTO

Margarine oder Öl im Topf erhitzen, den gewaschenen Reis dazugeben und unter ständigem Rühren bräunen lassen. Dann heißes Wasser oder Brühe dazuschütten und bei kleiner Flamme ca. 30 Minuten garen lassen. Sollte die Flüssigkeit zu schnell verdampfen, kann nachgegossen werden.

Übriggebliebener Reis kann wie folgt aufgewärmt werden: In ein Sieb geben und über kochendem Wasser erhitzen.

Bananenhund

4 BANANEN

4 SCHEIBEN GEKOCHTER SCHINKEN

4 SCHEIBEN KÄSE

PRISE CURRY

2 EL ÖL

Die Bananen mit Öl betreichen und von beiden Seiten leicht grillen. Mit Curry bestreuen. Die Bananen in je eine Scheibe Schinken und Käse einrollen, mit Zahnstocher befestigen und erneut grillen.

 <u>Kokosmilch
selbstgemacht</u> –
<u>Drei verschiedene Methoden</u>

Das Fleisch einer Kokosnuß
möglichst fein raspeln. Dann:
1. Das geraspelte Fleisch 30
Minuten in dem aufgefangenen
Saft der Kokosnuß weichen und
anschließend durch ein feines
Sieb gießen.
2. Heißes Wasser über die
Kokosflocken gießen und
1 Stunde ziehen lassen; durch
ein Tuch sieben und das Fleisch
ausdrücken.
3. Speziell für Currys kann der
Geschmack noch verbessert
werden, indem man heiße Milch
anstelle des Wassers verwendet.

Die trockenen Kokosflocken
nicht wegwerfen, sondern in
Gebäck, Soufflés oder Kuchen
verwenden.

Ein erfrischendes Getränk
aus Polynesien wird aus der
Milch von 5 Kokosnüssen (nach
Methode 1) und einem 1/4 Liter
Salzwasser hergestellt.

»Alles, was ich brauche, habe ich an Bord – es fehlt mir nur am
Talent zum Kochen. Entweder vergesse ich etwas oder gebe
etwas dazu, was nicht hineingehört. Ich weiß auch nicht, woran
das liegt.

Man ist eben begabt oder nicht – und ich bin es anscheinend
nicht.

Kochen ist für mich wie wunderbare Musik: ich liebe sie
und erfreue mich daran, doch Musik machen kann ich nicht.«

 Bernard Moitessier, »The Long Way«

KAPITEL II

Der Koch als Friedensstifter

Ein Schiff auf See ist ein schwimmendes Paradies, beseelt und über die Meere getrieben durch Freundschaft, Sympathie und Gemeinsamkeit. Doch urplötzlich kann der Wind drehen. Dasselbe Boot wird zum Gefängnis und Kampfplatz verletzter Gefühle. Wenn Streit und Fehden ausbrechen, ist kein Bugspriet lang genug, kein Mast hoch und keine Bilge tief genug, einem ehemaligen Freund oder einer untreuen Braut aus dem Weg zu gehen.

Hier kann nur noch der Koch helfen. Sein Rezept ist einfach und wirkungsvoll. Er versammelt die Streithähne in der Kombüse, serviert einen würzigen Grog und beschenkt die Mannschaft mit einem exzellenten Essen und mit Spezialitäten für jeden.

Wenn Mägen gefüllt und somit Leidenschaften geschwächt sind, legt der kochende Friedensstifter Nudelholz und Rührlöffel auf den Tisch und erklärt die Kombüse für geschlossen, solange der Streit nicht beigelegt und die Friedenspfeife nicht geraucht ist.

Henkers Grog

4 FINGER RUM
4 EL ZUCKER
2 TASSEN KOCHENDES WASSER
SAFT EINER ZITRONE
PRISE ZIMT

Den Rum in einen Trinkbecher gießen, Zitronensaft, Zucker, Zimt und heißes Wasser hinzufügen, gut umrühren und servieren.

Walfängers Grog

Die gleichen Bestandteile und die gleiche Zubereitung, doch mit einigen Butterflöckchen auf dem Grog schwimmend servieren.

Klebriger Finger

1 TASSE RÜBENKRAUT
1/2 TASSE BRAUNER ZUCKER
1 1/2 TASSEN MEHL
1/2 TL BACKNATRON
2/3 TASSE HEISSES WASSER
1/2 TASSE BUTTER
PRISE SALZ

In einer kleinen Schüssel Rübenkraut, Backnatron und heißes Wasser gut mischen. Dann in eine gefettete Backform geben. Mehl, Zucker, Butter und Salz zu Streusel kneten und über das Rübenkraut streuen. 30 Minuten bei Mittelhitze im Backofen backen.

Rebellenschokolade

3 TASSEN ERDNÜSSE, ZERKLEINERT
3 TASSEN ZUCKER
1 PFUND BITTERE SCHOKOLADE, GERASPELT
2 TL BUTTER

Den Zucker in einer Pfanne zu Sirup erhitzen und vom Feuer
nehmen. Erdnüsse, Schokolade und Butter dazugeben und
gut durchmischen. Auf ein gefettetes Backblech streichen und
abkühlen lassen. In Stücke brechen und servieren.

Friedenspfeifen-Fondant

4 TASSEN ZUCKER
1/4 TASSE BUTTER
1 1/2 TASSEN MILCH
150 GRAMM BITTERE SCHOKOLADE
2 TL VANILLE-EXTRAKT
PRISE SALZ

In einem Topf die Schokolade erhitzen und mit Milch
verrühren. Zucker und Salz dazugeben. Sobald die Mischung
beginnt, dickflüssig zu werden, vom Feuer nehmen. Butter
und Vanille darübergeben, doch nicht mehr rühren. Abkühlen
lassen, dann erst erneut umrühren und schließlich auf einem
gefetteten Backblech völlig erkalten lassen.

Variationen:
- Nüsse und/oder Honig dazugeben.
- Milch durch Sahne ersetzen.
- Schokolade kann durch Kakaopulver ersetzt werden.

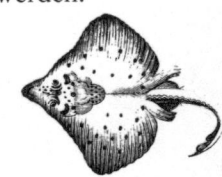

»› Die Kombüse, das ist mein Reich‹, schrie er. › Jetzt wird der Koch verrückt‹, sagten einige Stimmen. › Verrückt bin ich, so?‹ kam es gellend zurück. › Ich bin eher zum Sterben bereit, als irgendeiner von Euch, die Offiziere einbegriffen. Solange das Schiff schwimmt, werd' ich kochen. Ich werd' Euch Kaffee machen.‹ › Koch, Du bist ein feiner Kerl‹, rief Belfast. › Solange sie schwimmt, werd' ich kochen‹, und verschwand, als wäre er über Bord gegangen.«*

Joseph Conrad, »Der Nigger von der ›Narzissus‹ «

Toter Mann

150 GRAMM BITTERE SCHOKOLADE
4 FINGER RUM
3 EL ZUCKER
6 EIER

In einem Topf die Schokolade zum Schmelzen bringen und den Rum einrühren. Dann mit den verrührten Eigelb und dem steif geschlagenen Eiweiß mischen. In eine gefettete Backform geben und im Backofen bei starker Hitze 15 Minuten backen.

Kanonen-Rumkugeln

1 PAKET PLÄTZCHEN, KLEINGEBROCHEN
1 TASSE NÜSSE, KLEINGEHACKT
1 TASSE PUDERZUCKER
1 TASSE RUM
1 TASSE RÜBENKRAUT
2 EL KAKAOPULVER

Alle Bestandteile in einer Schüssel gut mischen. Die Hände mit Puderzucker bestreuen und den Teig in kleine Kugeln formen. Mit Zucker bestreuen und in einem Behälter gut verschließen.

Kuchenaufstrich

I TASSE ZUCKER

I EIWEISS

I EL VANILLE-EXTRAKT

I/2 TASSE WASSER

Wasser und Zucker aufkochen und steif rühren. Das steif geschlagene Eiweiß und den Vanille-Extrakt einrühren und die Creme auf den Kuchen streichen.

 *Skorbut – die Dornenkrone des Seemannes – Erst im 18. Jahrhundert wurde der Zusammenhang zwischen dem Mangel an Vitamin C und Skorbut, der Geißel des Seemanns, erkannt. Doch auch heute noch können Segler auf langen Passagen an leichtem Skorbut erkranken, ohne es selbst zu wissen. Speziell im Anfangsstadium deuten die Symptome nicht direkt auf Skorbut und zeigen sich dazu noch je nach Person verschieden.*

Auf Anson's Reise um die Welt starben 626 seiner 961 Männer an Skorbut. Anson schreibt:

»Die Symptome sind verschieden, vielfältig und auch der Krankheitsverlauf völlig unterschiedlich. Für nicht zwei Männer an Bord waren die Beschwerden genau gleich, und wo die Schmerzen und Symptome ähnlich waren, zeigten sich in der Reihenfolge und Stärke große Unterschiede.«

Allgemein kann man sagen, daß Skorbut im Anfangsstadium Schlaffheit, Lustlosigkeit, Müdigkeit, Kräfteverfall, Kurzatmigkeit, Muskel-, Glieder- und Gelenkschmerzen verursacht, speziell bei Nacht. Erst später treten die typischen Skorbuterscheinungen auf, wie Zahnfleischbluten, Blutsturz, Blutstau in Geweben und Gelenken, Narben brechen auf und Wunden wollen nicht mehr heilen. Heilmittel ist das Vitamin C – 500 mg pro Tag –, und die Genesung geht erstaunlich schnell.

In alter Zeit galten Limonen als Heil- und Hilfsmittel für lange Segelstrecken, obwohl Zitronen größeren »Antiskorbut«-Wert haben. Dieses Mißverständnis in der Literatur ist wohl so zu klären, daß in der Karibik die Limonen als Zitronen bezeichnet werden.

Waffenstillstands-Kuchen

2 TASSEN ZUCKER

1 TASSE BUTTER

1 TASSE MILCH

3 TASSEN MEHL

4 EIER

1 TL BACKPULVER

1 TL VANILLE-EXTRAKT

PRISE SALZ

Zucker, Mehl und Backpulver mischen. In einer anderen
Schüssel Butter mit Zucker durchkneten und dann mit dem
Mehl verrühren. Langsam Milch, Eier und Vanille dazugeben.
Den Teig bei Mittelhitze in einer gefetteten Backform
30 Minuten im Backofen backen.

Kanonierkuchen

6–8 SCHEIBEN ZWIEBACK

3 EIER

SAFT EINER ZITRONE

SAFT EINER ORANGE

1/4 PFUND ZUCKER

1/4 TASSE WEISSWEIN

2 EL PUDERZUCKER

PRISE ZIMT

Das geschlagene Eiweiß mit Zitronensaft, Orangensaft und
Zucker schaumig rühren. Den Zwieback kleinbrechen und
Zimt und Eigelb dazurühren. In einer gefetteten Backform
bei Mittelhitze etwa 1 Stunde backen. Anschließend mit einer
Sauce aus heißem Wein und Zucker übergießen, und vor dem
Servieren mit Puderzucker bestreuen.

Kokosbrot

1/2 GERASPELTE KOKOSNUSS

3/4 PFUND MEHL

2 EL BACKPULVER

1 TASSE MILCH

4 EL BUTTER ODER MARGARINE

PRISE ZIMT

1 TASSE ZUCKER

SALZ

Mehl, Zucker, Salz, Zimt und Backpulver mischen, dann Kokosflocken, Milch und Butter dazugeben und zu einem Teig verrühren. In einer gefetteten Backform ungefähr 1 Stunde im Backofen bei Mittelhitze backen.

Schrotpudding

3 FINGER SHERRY

3 EIER

3/4 TASSE ZUCKER

1/2 TL BACKPULVER

2 EL MEHL

1 TASSE ROSINEN

HANDVOLL KLEINGEHACKTE NÜSSE

SALZ

Eier und Zucker mischen, dann Backpulver, Mehl, Nüsse und Rosinen dazugeben. Gut durchmischen. In eine gefettete Backform geben und im Backofen bei Mittelhitze 30 Minuten backen. Vor dem Servieren mit Sherry übergießen.

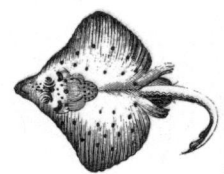

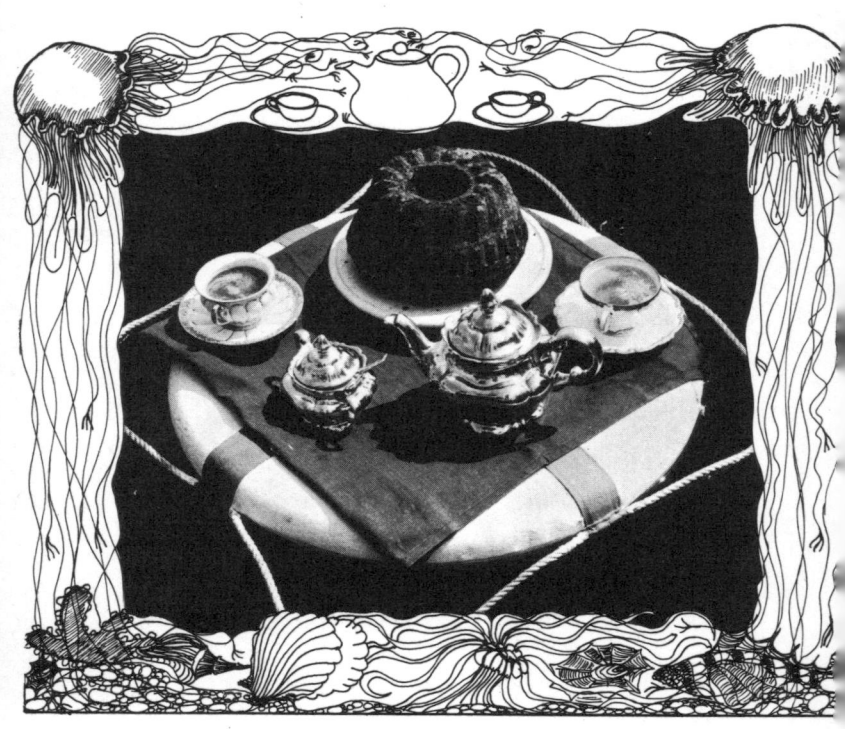

KAPITEL 12

Kaffee auf dem Achterdeck

Der Koch des Schoners Milky Way
gibt sich die Ehre, Sie zum Cafe
auf das Achterdeck herzlichst einzuladen.
Der Küchenchef
des Luxusdampfers Vagabund
und der Vorsitzende der J.R.C.,
unser allseits geschätzter

Jean-Claude Bidon

wird persönlich anwesend sein
und sein neuestes Buch
»Der Nautische Koch-Almanach«
vorstellen und diskutieren.

U.A.w.g.

Tee »Mata Hari«

3 TEEBEUTEL
8 NELKEN
1 TL ZIMT
1 TASSE APFELSINENSAFT
3 EL HONIG

In einem Topf werden Nelken und Zimt mit einer Tasse Wasser erhitzt. Orangensaft, Honig und 1–2 weitere Tassen Wasser dazugeben und zum Kochen bringen. Teebeutel hineingeben und ziehen lassen. Teebeutel und Gewürze entfernen und Tee servieren.

Gewürztee »Sansibar«

2 EL SCHWARZER TEE
2 NELKEN
SAFT EINER ZITRONE
SAFT EINER APFELSINE
1/4 TASSE ZUCKER
1 LITER KOCHENDES WASSER

Tee aufgießen, Nelken dazugeben und ziehen lassen. Teeblätter und Nelken heraussieben, Früchte und Zucker einrühren, nochmals kurz erhitzen und servieren.

 Ein selbstgemachter Backofen

Auch der einfachste Kocher an Bord läßt sich ohne großen technischen Aufwand leicht in einen Backofen verwandeln und gibt dem Koch die Chance, Brot, Kuchen, Soufflés und über- backenen Fisch zu »zaubern«.

In eine flache Konservendose mit möglichst großem Durch- messer werden rundherum Löcher von der Größe eines 10-Pfennig-Stückes gebohrt oder geschlagen. (Ist die Kon- servendose zu hoch: einfach

Café Martinique

1 TASSE HEISSER KAFFEE

2 FINGER RUM

1–2 TL ZUCKER

1 NELKE

1 STÜCKCHEN APFELSINENSCHALE

PRISE ZIMT

Zucker, Nelke, Apfelsinenschale und Zimt in einen kleinen Topf geben, Rum und Kaffee dazugießen und erhitzen. Nicht kochen lassen.

Mokka Java

2 TL INSTANT-KAFFEE

1 EL KAKAOPULVER

2 EL ZUCKER

2 TASSEN HEISSE MILCH

1 TL VANILLE-EXTRAKT

PRISE SALZ

Instant-Kaffee, Kakaopulver, Zucker und Salz mischen und mit einer halben Tasse Wasser kurz aufkochen. Heiße Milch und eine Tasse Wasser dazugeben und nochmals kurz aufkochen lassen. Vanille einrühren und heiß servieren.

*einen Streifen abschneiden!)
Die Dose wird dann mit dem
Boden nach oben in einen guß-
eisernen Topf gestellt und bildet
so das Gestell für das zu backen-
de Gericht. Fertig ist der Backofen! Anstelle der Konservendose tut ein Drahtgestell gleich*

*gute Dienste. Wichtig ist nur,
daß die erhitzte Luft gut um das
Gericht zirkuliert. Die Flamme
sollte nicht zu groß gestellt
werden, damit der Boden nicht
anbrennt.*

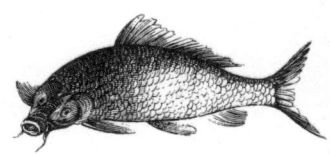

Paradiesinsel-Kaffee

1 TASSE KOKOSNUSSMILCH

1 EL ZUCKER

1 TASSE STARKER KAFFEE

1 EL KOKOSNUSSFLOCKEN,

IN EINER PFANNE GERÖSTET

PRISE ZIMT

Milch und Zucker mischen und erhitzen, dann den Kaffee
dazugießen. Vor dem Servieren mit Zimt und den gerösteten
Kokosnußflocken bestreuen.

Café Français

1 TASSE HEISSER KAFFEE

1–2 TL ZUCKER

2 FINGER COGNAC

Zucker mit dem starken Kaffee mischen. Vorsichtig den
Cognac daraufschütten – nicht mischen. Anzünden und
brennend servieren.

Gewürzbrot

1 TASSE ZUCKER

3 FINGER RUM

4 TASSEN MEHL

2 TL BACKNATRON

2 TL ZIMT

1 TASSE HONIG

1 TL BACKAROMA ANIS

PRISE SALZ

Honig, Rum und etwas Wasser verrühren, dann mit dem Rest
der Zutaten mischen und zu einem Teig kneten. In einer
gefetteten Backform 45 Minuten backen. Schmeckt besser
am nächsten Tag.

Bananenbrot

3 BANANEN
2 EIER
2 TASSEN MEHL
1/2 TASSE ZUCKER
1 TL BACKPULVER
2—3 EL WASSER
HANDVOLL NÜSSE, KLEINGEHACKT
PRISE SALZ

Bananen zerdrücken und mit Eiern, Mehl, Backpulver und Salz
mischen. Mit Wasser, Zucker und Nüssen verrühren. Den Teig
in einer gefetteten Backform bei Mittelhitze im Backofen
backen.

Brotkäse

2 TASSEN PARMESANKÄSE
5 TASSEN MEHL
3 EL BUTTER ODER MARGARINE
1 TL SALZ
1 TASSE WARMES WASSER
1 PÄCKCHEN HEFE
1 TASSE MILCH

Milch, Zucker, Salz und Butter in einem Topf verrühren. Kurz
aufkochen und abkühlen lassen. Hefe in Wasser auflösen und
in die Milchmischung einrühren. Mehl dazugeben und langsam
den Käse mit einrühren, bis ein fester Teig entsteht. Mit einem
Tuch zudecken und an einem warmen Platz 1 Stunde aufgehen
lassen. Danach nochmals durchkneten und eine weitere Stunde
stehen lassen. Bei Mittelhitze im Backofen ungefähr 1 Stunde
backen. Die Backform zudecken, damit die Kruste nicht
schwarz wird.

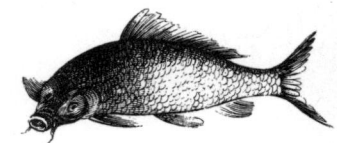

 Sojabohnenkeime
Wasserkresse

 Fast alles über
Konserven an Bord

Fast jede Bohnenart kann man leicht zum Sprießen bringen. Am besten jedoch schmecken Alfalfa, Soja und Mung. Speziell auf einer langen Seereise helfen sie, den Vitaminspiegel zu halten und die Küche abwechslungsreicher zu gestalten.

Drei Vorschläge, sich eine Farm an Bord zu halten:

1. Handvoll Bohnenkerne in ein Tuch einschlagen und in eine Schüssel geben. Mehrmals täglich anfeuchten. Nach 2–3 Tagen sind die Keimlinge bis zu 4 cm lang, und einer Ernte steht nichts mehr im Wege.

2. Bohnenkerne über mehrere Schichten nasse Zeitungen streuen. Papier täglich nachfeuchten.

3. Die Kerne in ein Einmachglas geben und mehrmals täglich etwas Wasser dazugeben. Kerne dürfen nicht im Wasser schwimmen.

Bohnenkeime können als Salat, Beilage oder kleingehackt und mit Butter und Salz gemischt als Brotaufstrich serviert werden. Mit ein wenig Planung und drei Einmachgläsern oder Zeitungsfeldern kann man jeden Tag ernten.

Konserven sind aus den Proviantlisten einfach nicht mehr wegzudenken, sei es für einen Wochenendtörn, eine Atlantiküberquerung oder auch für das sehr oft vernachlässigte Notpaket. Bevor man jedoch das Boot mit Konserven aller Art vollstopft, sollte man die Qualität der einzelnen Marken und die meist eingestanzten Haltbarkeitsdaten überprüfen. Damit die Etiketten der meist in der Bilge verstauten Konserven nicht die Bilgenpumpe verstopfen, helfen sich viele Fahrtensegler folgendermaßen:

Die Papierstreifen werden von den Dosen entfernt, mit einer Nummer versehen und in ein Merkheft oder Lebensmittellogbuch geklebt. Gleichzeitig werden Datum und Anzahl eingetragen. Dieselbe Nummer wird auch auf die Konservendose gemalt. Mit einem Blick ins Merkheft läßt sich feststellen, welche Konserven in welcher Anzahl noch an Bord sind. Dies erleichtert vor allem das Nachfüllen und Auffrischen des Proviants ganz erheblich.

... und den Reservedosenöffner nicht vergessen!

Erdnußbutter-Kuchen

1/2 TASSE ERDNUSSBUTTER

2 TASSEN MEHL

1 TL BACKPULVER

3 EL ZUCKER

1 EI

1—1 1/2 TASSEN MILCH

2 EL ÖL

PRISE SALZ

Mehl, Backpulver, Salz und Zucker mischen. Erdnußbutter, Ei, Öl und genügend Milch einrühren, daß ein steifer Teig entsteht. In mehrere kleine Kuchen formen und auf einem gefetteten Kuchenblech im heißen Backofen ungefähr 20 bis 30 Minuten backen.

Dubliner Haferküchlein

1 TASSE HAFERFLOCKEN

1/2 TL BACKPULVER

1 EL BUTTER ODER MARGARINE

1 TL SALZ

1/4 TASSE HEISSES WASSER

Haferflocken, Backpulver, Salz und Butter verrühren und löffelweise heißes Wasser zugeben, bis ein steifer Teig entsteht. In kleine Küchlein formen und auf einem gefetteten Backblech im Backofen bei Mittelhitze 15 Minuten backen.

»An Land hindert mich der Kaffee am Einschlafen. Hier nicht. Ich kann sogar den ganzen Tag über schlafen, sooft ich will. Häufig hält man uns für eine Naturkraft, glaubt, daß wir fast niemals zu schlafen brauchen, daß wir uns von kaltem Essen ernähren und den ganzen Tag nichts tun als Segel bedienen. Wenn die wüßten ...«

Bernard Moitessier, »Der verschenkte Sieg«

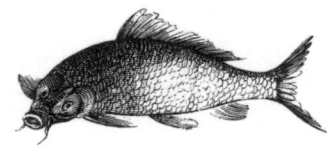

KAPITEL 13

Eine Seejungfer klettert an Bord

Welche Frau kann einer Einladung zum Essen an Bord Deiner Yacht widerstehen und einen Abend mit Kerzenlicht, exotischen Gerichten und dem Hauch von Abenteuer und Seeromantik ausschlagen? Aber dazu muß man alles bis ins kleinste planen?

Du ankerst in einer abgelegenen Bucht. Das Boot ist zwar sauber und aufgeräumt, doch Dein Gast soll spüren, daß an Bord eine Frau fehlt — wenn auch nur zeitweise. Das Essen hast Du weitgehend vorbereitet, so daß Du mit der Dir eigenen Leichtigkeit und ohne größeren Zeitverlust Dein Meisterwerk vollenden kannst.

Warum nicht das Logbuch offen auf dem Kartentisch liegenlassen? Sie wird sich sicherlich gerne berauschen an all den Abenteuern und Gefahren, die Du schon bestanden hast!

Dein einziger Fehler an diesem Abend ist der Knoten, mit dem Du das Beiboot festmachen wirst. Er wird sich lösen, und das Dingi wird an Land treiben.

MENU I

Sklavenhändlersuppe

1 1/2 TASSEN WEISSWEIN

1 EIGELB

4 EL ZUCKER

1 EL MAIZENA

PRISE ZIMT

SPRITZER ZITRONENSAFT

Das Wasser zum Kochen bringen und Zimt, Zitronensaft und Maizena einrühren. Vom Feuer nehmen und Wein, Zucker und Eigelb dazumischen und servieren.

Rotweinhühnchen

1 HÜHNCHEN, ZERKLEINERT

2 TASSEN ROTWEIN

6 EL BUTTER ODER MARGARINE

1/4 PFUND ROHER SCHINKEN

4 ZWIEBELN, IN SCHEIBEN

1 MÖHRE, KLEINGESCHNITTEN

3 SCHEIBEN SELLERIE, IN STREIFEN GESCHNITTEN

2 KARTOFFELN, IN WÜRFEL GESCHNITTEN

2 TASSEN BOUILLON

2 KNOBLAUCHZEHEN, ZERKLEINERT

1 LORBEERBLATT

PRISE THYMIAN

SALZ UND PFEFFER

In einem großen Topf werden die Zwiebeln in Butter braun geschmort. Kartoffeln, Sellerie, Möhrenscheiben, Knoblauch, Lorbeerblatt und die Hühnchenteile dazugeben. Bouillon und

Wein dazugießen, die Gewürze einmischen und mehrere Stunden bei kleiner Flamme kochen. Sollte die Cognac-Flasche in der Nähe stehen, kann das Gericht noch verfeinert werden.

Rum und Bananen

4 BANANEN, IN STREIFEN GESCHNITTEN

I TASSE RUM

2 EL BUTTER ODER MARGARINE

2 EL ZUCKER

I/2 TL ZIMT

SPRITZER ZITRONENSAFT

Butter in der Pfanne schmelzen, Bananenstreifen braten, Zitronensaft, Zucker und Zimt darüberstreuen. Bei klein-gestellter Flamme Rum darübergießen, flambieren und sofort servieren.

MENU II

Gin-Krabben-Suppe

I DOSE KRABBENFLEISCH

2 FINGER GIN

I EL BUTTER

2 TASSEN WASSER

HANDVOLL PETERSILIE

SALZ UND PFEFFER

Das Krabbenfleisch in kleine Stücke brechen und im Wasser erhitzen. Salz, Pfeffer und Butter dazugeben. Vom Feuer nehmen, Gin dazugeben, Petersilie darüberstreuen und servieren.

Muscheln in Weißwein

4 PFUND MUSCHELN

1 FLASCHE WEISSWEIN

125 GRAMM BUTTER ODER MARGARINE

2 EL MEHL

4 ZWIEBELN, KLEINGEHACKT

1 EL TOMATENMARK

HANDVOLL PETERSILIE

PRISE PFEFFER

Muscheln gut reinigen und in einen großen Topf geben. Wein dazugeben und die Muscheln solange kochen, bis sie sich öffnen, dann ohne den Saft in eine Schüssel schütten. In einer Pfanne Butter und Mehl erhitzen, die Hälfte des Muschelsuds und Zwiebeln dazugeben. Aufkochen lassen und den Rest des Muschelsuds und das Tomatenmark einrühren. Die Sauce über die Muscheln gießen, Petersilie darüberstreuen und servieren.

Zwiebeln in Portwein

8 KLEINE ZWIEBELN

1 GLAS PORTWEIN

2 EL OLIVENÖL

1 EL ESSIG

2 EL ZUCKER

SALZ UND PFEFFER

In einer tiefen Pfanne werden die Zwiebeln im Olivenöl weichgeschmort. Wein, Essig, Zucker, Salz und Pfeffer dazugeben und weiterkochen, bis die Zwiebelscheiben braun und die Mischung steif geworden ist.

Cointreau-Soufflé

2 FINGER COINTREAU

3 EIWEISS

3 EL ZUCKER

3 EL ORANGENMARMELADE

Das Eiweiß steif schlagen und den Zucker einrühren. Mit der Marmelade vermischen und in einer gefetteten Backform im Backofen bei Mittelhitze 30 Minuten backen. Vor dem Servieren den Cointreau darübergießen.

MENU III

Cognac-Ochsenschwanz-Suppe

1 DOSE OCHSENSCHWANZSUPPE

2 FINGER COGNAC

1/2 DOSE ANANASSTÜCKE

2 EL KOKOSNUSSFLOCKEN

2 EL ANANASSAFT

Die Suppe erhitzen, Ananasstücke, Saft und Cognac dazugeben, Kokosflocken darüberstreuen und im Backofen backen, bis die Kokosflocken braun und knusprig werden.

Wir hatten nur langsame Fahrt, als wir mitten in diese schwimmenden Nymphen hineinsegelten, und sie uns von allen Seiten enterten. Viele hielten sich an den Rüsteisen fest und sprangen in die Püttings. – Das Meerwasser lief an ihnen herunter, und sie glühten vom Bad. Das Haar, schwarz wie Ebenholz, fiel ihnen über die Schultern und verhüllte halb ihre sonst nackten Gestalten.

Herman Melville, »Taipi«

131

 Curry

Fleisch, Fisch, Gemüse, Eier – fast alles kann mit Curry gewürzt und im Geschmack verändert werden. Man könnte Curry fast als »Universalgewürz« des seefahrenden Kochs bezeichnen. Der Zusatz von Curry macht außerdem schon zubereitetes Essen länger haltbar.

Curry selbst ist kein einzelnes Gewürz, sondern eine Zusammenstellung verschiedener Gewürze; je nach Mischung der einzelnen Bestandteile kann man auch selbst den Geschmack von mild/süß bis scharf/pikant variieren.

Grundzusammensetzung:

1 EL KORIANDER
1 EL KÜMMEL
1 EL SAFRAN
1/2 EL MUSKAT
1 TL CAYENNE-PFEFFER
1 TL KARDAMON

Auch Zimt, Nelken, Ingwer und Senfkörner können dazugemischt werden. Um die richtige Mischung dem eigenen Geschmack anzupassen, gilt es, nur ein wenig zu experimentieren.

Apfelschnaps-Omelett

6 EIER

2 FINGER APFELSCHNAPS

2 ÄPFEL, KLEINGESCHNITTEN

1/4 PFUND BUTTER ODER MARGARINE

2 TL MEHL

2 EL BRAUNER ZUCKER

1/2 TASSE MILCH

SALZ UND PFEFFER

Butter in der Pfanne auslassen, Apfelstücke und Apfelschnaps dazugeben. In einer Schüssel werden Mehl, Eier, Milch, Salz und Pfeffer gemischt und gut durchgeschlagen. Dann wird die Mischung in die Pfanne gegossen und wie ein Omelett gebacken. Vor dem Servieren mit braunem Zucker bestreuen.

Rum-Möhren

1 PFUND MÖHREN

3 FINGER RUM

1/2 TASSE BUTTER ODER MARGARINE

1 TL ZUCKER

1 TL SALZ

Butter in einem Topf schmelzen, Möhrenscheiben, Salz, Zucker und Rum dazugeben. Bei Mittelhitze im Backofen backen, bis die Möhren gar sind.

Weinbrand-Pfirsiche

1 DOSE PFIRSICHE

2 FINGER WEINBRAND

2 EL ZUCKER

Die Pfirsiche ohne den Saft in eine Schüssel geben und mit Weinbrand und Zucker etwa 30 Minuten ziehen lassen.

Wäsche waschen in Salzwasser

Sollten die Lieblingsjeans oder das letzte T-Shirt an einer Wäsche nicht mehr vorbeikommen und die nächste Waschmaschine noch einige tausend Meilen hinter dem Horizont liegen, dann muß man eben Salzwasser gebrauchen. Es gibt zwar spezielle Salzwasserwaschmittel, doch auch herkömmliche Waschpulver erfüllen ihren Zweck. Um zu verhindern, daß die Salzkristalle, die Wäschestücke klebrig und klamm werden lassen, kann man wie folgt verfahren:

Die gewaschenen Kleidungsstücke an einem Fall bis zur Mastspitze heißen. Die getrockneten Salzkristalle werden durch die flatternden Bewegungen fast vollständig herausgeschüttelt, so daß man die Hemden »juckfrei« tragen kann. Bei Bettwäsche sollte man allerdings doch lieber bis zum nächsten erreichbaren Wasserhahn warten.

KAPITEL 14

Auf Hundewache

Durch den Niedergang dringt gedämpft das monotone Schnarchen der Mannschaft.

Du sitzt im Cockpit, zufrieden mit Dir und der Welt. Die See ist friedlich und das Boot steuert sich selbst. Bequem lehnst Du Dich an den Besan zurück, und Deine Augen wandern zu fernen Sternen und liebkosen das geheimnisvolle Firmament.

Wie lange hast Du auf diesen Augenblick gewartet! Endlich hast Du Zeit zum Denken und Träumen.

Langsam schlürfst Du eine Tasse heißen Tee und knabberst genüßlich an einem Sandwich.

Es ist vier Uhr in der Früh, bald wird ein neuer friedvoller Tag erwachen. Deine Wache geht zwar zu Ende, doch wäre es nicht gerade jetzt eine Schande, sich schlafen zu legen?

Russischer Steuermann

3 FINGER WODKA

2 EL ZUCKER

1 EIGELB

Eigelb mit Zucker mischen und zu Creme schlagen, dann den Wodka dazugießen.

Normandie-Grog

2 FINGER CALVADOS

ODER APFELSCHNAPS

1 TASSE HEISSER APFELWEIN

1 EL HONIG

PRISE ZIMT

Hundewache-Grog

2 FINGER RUM

1 EI

1 EL ZUCKER

3/4 TASSE KOCHENDES WASSER

Zucker und Ei gut verrühren, dann Rum und heißes Wasser dazugeben.

Heckreling-Gefährte

1 TASSE BOUILLON

2 FINGER WODKA

SPRITZER WORCESTERSAUCE

SPRITZER ZITRONENSAFT

Bouillon erhitzen und in einem Becher mit den Gewürzen und dem Wodka mischen.

1 TASSE HEISSE FLEISCHBRÜHE
3 FINGER WEISSWEIN
HANDVOLL PARMESANKÄSE

Heißer Milch-Grog

2 FINGER RUM
3/4 TASSE HEISSE MILCH
1—2 EL ZUCKER
PRISE MUSKATPULVER

Rum in einen Becher geben, Zucker und heiße Milch dazugeben und Muskat darüberstreuen.

Luv-Tee

3 FINGER RUM
1 TASSE STARKER TEE
1 ANANASSCHEIBE
1 EL ZUCKER

Ananasscheibe im Rum einweichen, dann in kleine Stücke
schneiden und in den Tee geben. Nach Geschmack süßen.

*»Des Nachts und am frühen Morgen bekamen wir jeweils
einen Blechnapf heißen Tee, der mit Rübenkraut gesüßt war.
Die Männer nannten es sinnigerweise › Hexenwasser ‹. Es war
unsere einzige Freude.*

*So fürchterlich das auch schmeckte, wenigstens warm und
belebend war es, und zusammen mit Zwieback und kaltem
Salzfleisch/Pökelfleisch machte es immerhin eine Mahlzeit.«*

R.H.Dana, »Two Years Before the Mast«

Neptuns Kaffee

1 TASSE STARKER KAFFEE

2 EIGELB

2 EL ZUCKER

Eigelb und Zucker verrühren, Kaffee dazugießen und erhitzen. Nicht kochen lassen.

Warmes Bier-Sandwich

1/2 PFUND HACKFLEISCH

1 ZWIEBEL, IN SCHEIBEN

1/2 PAPRIKASCHOTE, KLEINGESCHNITTEN

1/2 DOSE BIER

1 TASSE PARMESANKÄSE

2 EL BUTTER ODER MARGARINE

SPRITZER TABASCO

SALZ UND PFEFFER

In einer Pfanne das Fleisch, Zwiebelstücke und die kleingeschnittene Paprika in Butter braten. Bier und Tabasco dazugeben und unter Umrühren den Käse hinzufügen. Sobald der Käse anfängt, zu schmelzen, die Mischung auf Toastscheiben geben und servieren.

 Wissenswertes übers Ei

Eier sind ein nahrhafter »Fleischersatz«. So haben 5 mittelgroße Eier gleich viel Proteine wie ein halbes Pfund Fleisch.

Eine einfache Methode, das Alter von Eiern zu bestimmen: In einem Liter Wasser 125 g Salz auflösen und die Eier einzeln hineingeben. Frische Eier sinken sofort. Schweben sie im Wasser, sind sie mindestens einige Tage alt, und sollten sie an der Oberfläche schwimmen, sind sie zu alt und nicht mehr für den Proviant an Bord geeignet.

Da Eierschalen porös sind und daher schnell Geruch annehmen, sollte man sie nie mit starkriechenden Lebensmitteln zusammen verpacken oder lagern.

Brooklyn-Sandwich

2 SCHEIBEN TOAST
I EI
2 ZWIEBELN, IN SCHEIBEN
I EL TOMATENMARK
SALZ UND PFEFFER

Das Ei in Butter braten und auf eine Scheibe Toast legen.
Zwiebelscheiben dazugeben und Tomatenmark darüberstreichen. Mit der zweiten Scheibe Toast zudecken und
möglichst warm servieren.

 Fischvergiftung
*Leider ist die
Furcht vor giftigen Fischen in
tropischen Lagunen und Koral-
lenmeeren nur allzu berechtigt.
Wenn das Gift auch nur in den
seltensten Fällen tödlich ist,
kann der Genuß von giftigen
Fischen zu Übelkeit, Hautaus-
schlägen und Lähmungen
führen. Das Gift gelangt bei der
Nahrungsaufnahme in den
Körper des Fisches, und wird
dieser dann selbst gefressen, ist
auch das Fleisch des Raub-
fisches vergiftet.*

*Es gibt keine sichere
Methode, einen genießbaren
von einem giftigen Fisch zu
unterscheiden. Ein Fisch an
einer Stelle der Lagune gefangen*
*kann einwandfrei sein, während
dieselbe Fischart am anderen
Ende der Lagune vergiftet ist.*

Deshalb: Immer Einheimi-
sche um Rat fragen; sie wissen
meist, wo man gefahrlos fischen
kann. Nie Herz und Leber der
Fische essen.

Nicht mehrere Fische der-
selben Art essen.

Fischfilets mehrere Stunden
in Frischwasser legen; Wasser
mehrmals wechseln.

*Sollten sich dennoch An-
zeichen einer Vergiftung zeigen
(Übelkeit), sofort Erbrechen
einleiten und wenn möglich,
einen Arzt aufsuchen.*

*Tiefseefische und Fische an
der Außenseite der Lagune sind
nicht giftig.*

KAPITEL 15

Passat-Küche

Unser 43. Tag auf See. Fast den ganzen Morgen habe ich damit verbracht, das Sturmsegel zu nähen. Das gute alte Segel; vor dem Kap hatte es uns noch das Leben gerettet.

Dann machte ich es mir auf dem Bugspriet bequem und schaute den Delphinen zu, wie sie mit der Bugwelle spielten. Ein wunderbarer Tag. Seit langem war ich nicht mehr so glücklich und zufrieden.

Plötzlich traute ich meiner Nase nicht mehr: Das ist doch Paris — Rue Mouftard —, der unverwechselbare Geruch von Kräutern der Provence und in Butter gedünstetem Knoblauch! Es war kein Traum, meine Sinne hatten mich nicht im Stich gelassen. Es war zwar nicht Maître Albert aus Paris, sondern Mac, der gerade in der Kombüse mein Lieblingsessen zubereitete.

Polynesische Suppe

1/4 PFUND KOKOSNUSSFLOCKEN

1 LITER BOUILLON

1/4 PFUND MEHL

1/2 DOSE KONDENSMILCH

1 PRISE MUSKATNUSS

SALZ

CAYENNE-PFEFFER

Die Bouillon mit den Kokosflocken in einem großen Topf
10 Minuten kochen, dann Muskat, Salz und Pfeffer
dazugeben. Langsam das Mehl einrühren und weitere
5 Minuten kochen lassen. Wiederholt rühren. Vor dem
Auftragen die Milch einrühren.

Zwiebelsuppe

6 GROSSE ZWIEBELN

4 TASSEN RINDERBOUILLON

1/2 TASSE PARMESANKÄSE

2 EL OLIVENÖL

2 KNOBLAUCHZEHEN

1/2 TASSE WEISSWEIN

6—8 SCHEIBEN TOAST

PRISE SALZ

In einem großen Topf werden die Zwiebeln mit Butter weich
geschmort. Die Bouillon wird in einem anderen Topf erhitzt
und dann zu den Zwiebeln geschüttet. Bei mittlerer Flamme
ca. 10 Minuten kochen lassen. Aus Öl und Knoblauch eine
Paste rühren und auf die Toastscheiben streichen. Dann den
Toast auf die Suppe legen und mit Parmesankäse bestreuen.
Den Topf zudecken und servieren, sobald der Käse
geschmolzen ist.

Chinesische Eiersuppe

1 EI
2 DOSEN HÜHNERSUPPE
1 ZWIEBEL, KLEINGEHACKT
2 EL MAIZENA
SALZ UND PFEFFER

Die Hühnersuppe erhitzen und langsam Maizena einrühren.
Das Ei in einer Tasse schlagen und unter Umrühren dazugeben.
Die Zwiebel hinzutun und mit Salz und Pfeffer abschmecken.

Roher Fisch in Zitronensaft
à la tahitìenne

4 FISCHFILETS —
FRISCHER THUNFISCH
1 TASSE KOKOSNUSSMILCH
2 TOMATEN, KLEINGESCHNITTEN
1 ZWIEBEL, KLEINGEHACKT
1 MÖHRE, IN SCHEIBEN
6 ZITRONEN
PRISE SALZ

Den Fisch in Würfel schneiden und in eine Schüssel geben. Mit
Zitronensaft auffüllen, so daß der Fisch völlig mit Saft bedeckt
ist. Salzen und mindestens 1 Stunde ziehen lassen. Milch und
Gemüse dazugeben, gut mischen und noch einige Minuten
ziehen lassen.

 Getrockneter
Fisch. *Wenn das
Fischerglück größer ist als der
Hunger und das Cockpit schon
von Fischen überquillt, gilt es,
an die mageren Tage zu denken
und den Fisch zu trocknen.*
  Kleine Fische (bis 2 kg)
reinigen, Kopf und Schwanz
abtrennen und der Länge nach
halbieren. Mit grobem Salz
bestreuen und zum Trocknen
in die Sonne legen. Mehrmals
wenden und salzen. Zum
Durchtrocknen die Fischhälften
auf eine Schnur fädeln und

143

zwischen die Wanten hängen.
Trocken und luftig verstauen.

Vor Gebrauch 24 Stunden in
Frischwasser weichen; Wasser
mehrmals wechseln.

Große Fische werden in
Scheiben oder Filets geschnitten
und nach derselben Methode
getrocknet.

Glouchester Fisch-Omelett

2 FRISCHE FISCHFILETS,
IN WÜRFEL GESCHNITTEN
6 EIER
1 ZWIEBEL, IN SCHEIBEN
1 PAPRIKASCHOTE, KLEINGESCHNITTEN
1 DOSE TOMATENMARK
2 EL BUTTER ODER MARGARINE
PRISE ROSMARIN
SALZ UND PFEFFER

Den Fisch in Butter 5 Minuten braten. Zwiebel und Paprikaschote in einer anderen Pfanne mit Öl weich schmoren und zu
dem Fisch geben. Die Eier in einer Schale schlagen und mit dem
Tomatenmark und den Gewürzen über den Fisch gießen.
Vorsichtig mischen und wie ein Omelett backen.

Äquator-Eier

4 EIER
4 BANANEN
4 SCHEIBEN SCHINKEN
2 EL BUTTER ODER MARGARINE
PRISE PAPRIKA
SALZ UND PFEFFER

Die Bananen werden halbiert und mit einem EL Butter
angebraten. Darüber wird der Schinken gelegt. Mit dem Rest
der Butter die Eier zu Spiegeleiern braten und auf den Schinken
legen. Mit Toast und Butter servieren.

Schildkröte in sahniger See

4 SCHEIBEN SCHILDKRÖTENFLEISCH

6 HARTGEKOCHTE EIER

2 TASSEN SAHNE

2 EL BUTTER ODER MARGARINE

PRISE NELKENGEWÜRZ

SALZ UND PFEFFER

Schildkrötenfleisch in Stücke schneiden und in einer Pfanne
kurz anbraten. Eigelb aus den hartgekochten Eiern nehmen
und mit der Butter und den Gewürzen zu einer Paste kneten.
Dann die Sahne erhitzen und die Paste dazugeben. Fleisch
dazuschütten und 10 bis 15 Minuten kochen. Eiweiß in Würfel
schneiden und darüberstreuen.

Haifisch-Steaks

4 STEAKS HAIFISCHFLEISCH

AUS SCHWANZNÄHE

1 EI

HANDVOLL BROTKRUMEN

ODER PANIERMEHL

3 EL BUTTER ODER MARGARINE

SAFT EINER ZITRONE

1 PAPRIKASCHOTE, ZERKLEINERT

4 EL ÖL

PRISE SALBEI

Ei und Zitronensaft schlagen und in eine Schüssel geben.
Fischscheiben hineinlegen, Salbei darüberstreuen und 1 Stunde
ziehen lassen. Dann Butter in einer Pfanne erhitzen und die mit
Brotkrumen oder Paniermehl bestreuten Fischfilets
10 Minuten braten. Nur einmal wenden. Mit Streifen der
Paprikaschote garnieren und servieren.

 *Fliegende Fische sind eine Delikatesse, die nur Seeleute zu schätzen wissen. Mariniert in Zitronensaft, Knoblauch und feingehackten Zwiebeln sind sie ein Leckerbissen, an dem alles stimmt – bis auf den Namen, denn Fliegende Fische fliegen nicht, sondern segeln.*

Von Raubfischen gejagt, durchbrechen sie die Wasseroberfläche, breiten ihre starken Segelflossen aus und »fliegen« mit einem letzten Schlag ihrer kräftigen Schwanzflosse bis zu 300 Meter. Da sie in der Luft nur noch geringfügig ihre Flugrichtung ändern können, entkommen sie zwar mitunter ihrem hungrigen Feind, doch dabei landen sie auch manchmal an Deck oder direkt in Deiner Bratpfanne.

Sollte Dir diese Fangmethode jedoch nicht sportlich genug sein, kannst Du auch bei Nacht im Cockpit ausharren und warten, bis sie Dir in den Schoß fallen.

Fisch- und Reiseintopf

1 PFUND FISCHFILET,
IN WÜRFEL GESCHNITTEN

1/2 PFUND REIS

6 EL ÖL

1 DOSE KONDENSMILCH

2 EIER

4 TOMATEN

HANDVOLL PETERSILIE

1 TL KNOBLAUCHSALZ

PRISE SALZ

In einem Topf wird der Reis mit 3 EL Öl glasig geschmort. 4 Tassen heißes Wasser zugeben und 15 Minuten kochen. Aus Öl und Knoblauch eine Marinade rühren und den Fisch hineinlegen. – In eine gefettete Backform wird die Hälfte des gekochten Reis gegeben, darüber kommt eine Schicht Tomatenscheiben, dann eine Schicht Fisch, eine weitere Schicht Tomaten, dann der Rest des Fisches und darüber der übriggebliebene Reis. – In einer Schüssel werden Eier, Milch und Petersilie gemischt und über den Reis geschüttet. Im Backofen bei Mittelhitze ungefähr 30 Minuten backen.

Fliegende-Fische-Pizza

4–6 FLIEGENDE FISCHE
1/4 PFUND MEHL
1 TL HEFE
1 DOSE TOMATENMARK
3 EL OLIVENÖL
1/2 TL OREGANO
4 EL PARMESANKÄSE
PRISE SALZ

Hefe mit warmem Wasser mischen und zur Seite stellen. Mehl, Wasser, Hefe und Salz verrühren und zu einem Teig kneten. Mit einem Handtuch zudecken und an einem warmen Platz eine Stunde stehen lassen. Zu einem Fladen ausrollen und mit Mehl auf ein Backblech geben. Tomatenmark mit Öl anrühren und auf den Fladen streichen. Käse und den gesäuberten Fisch darauflegen, Oregano darüberstreuen. Bei starker Hitze im Backofen etwa 20 Minuten backen. Sollte kein Fliegender Fisch auf dem Deck gelandet sein, kann auch Fleisch eines Thunfisches oder einer Dorade verwendet werden.

Glasige Zwiebeln

6–8 ZWIEBELN, GESCHÄLT
4 EL ZUCKER
2 EL BUTTER ODER MARGARINE

Die Zwiebeln in Butter braun schmoren. Dann den Zucker darüberschütten. Mit wenig Wasser übergießen und solange auf dem Feuer lassen, bis das Wasser verdampft und der Zucker zu einer karamelartigen Glasur geworden ist.

Kreolenkartoffeln

2 PFUND KARTOFFELN

3 ZWIEBELN, KLEINGEHACKT

3 TOMATEN, IN SCHEIBEN

3 PAPRIKASCHOTEN, IN STREIFEN

2 EL ÖL

1 TL SCHWARZER PFEFFER

PRISE SALZ

Die Kartoffeln kochen, in Scheiben schneiden und einen Teil
in eine gefettete, feuerfeste Schüssel geben. Darüber kommt
abwechselnd eine Schicht Zwiebeln, Kartoffeln, Paprika,
Kartoffeln, Tomaten, Kartoffeln. Jede Schicht salzen und
pfeffern. Öl über die oberste Schicht gießen und im Backofen
bei Mittelhitze 20 Minuten backen.

Mangos mit Wein

8 REIFE MANGOS

1 FLASCHE ROTWEIN

2 EL ZUCKER

SPRITZER VANILLE-EXTRAKT

Mangos schälen und das Fleisch in kleine Würfel schneiden.
In einer feuerfesten Form mit Rotwein, Vanille und Zucker
übergießen. Bei Mittelhitze 30 Minuten im Backofen backen.
Abkühlen lassen und servieren.

*»Meine Nahrung auf diesen langen Reisen bestand gewöhnlich
aus Kartoffeln, gesalzenem Stockfisch und Schiffszwieback,
den ich mir zwei- bis dreimal in der Woche zubereitete. Ich hatte
immer genug Kaffee, Tee, Zucker und Mehl ...*

*Irgend etwas fand ich immer, um die Speisekarte anzu-
reichern. Was mir an frischem Fleisch fehlte, wurde durch
frischen Fisch wettgemacht, wenigstens im Passat, wo
Fliegende Fische nachts gegen die Segel schlugen und auf Deck*

Ananaskraut

1 DOSE SAUERKRAUT

1/2 PFUND ANANASSTÜCKE

1 TASSE WEISSWEIN

125 GRAMM BUTTER ODER MARGARINE

1 EL ESSIG

PRISE PFEFFER

Sauerkraut und Wein in einem Topf bei kleiner Flamme
schmoren. Butter, Essig und Pfeffer dazugeben. Dann die
Ananasstücke einrühren. Sollte es noch zu sauer schmecken,
kann Ananassaft dazugegeben werden.

Schokolade-Kokosnuß-Poi

1 TASSE KOKOSNUSSFLOCKEN

3 TASSEN HAFERFLOCKEN

2 TASSEN ZUCKER

3 EL BUTTER ODER MARGARINE

1/2 TASSE MILCH

5 EL KAKAOPULVER

Milch, Butter und Zucker in einer Pfanne erhitzen. Sobald es
anfängt zu kochen, vom Feuer nehmen. Alle übrigen Bestandteile gut mischen. Abkühlen lassen. Poi wird traditionsgemäß
mit den Fingern aus der Schüssel gegessen. Man kann aber auch
den Teig auf eine Backblech geben und wie Plätzchen backen.

fielen, manchmal zu zweit oder dritt, manchmal auch gleich im
Dutzend. Außer bei Vollmond bekam ich jeden Morgen
reichlich Nachschub, den ich nur aus den Speigatten in Lee
aufzulesen brauchte.«

Joshua Slocum, »Allein um die Welt«

KAPITEL 16

Wenn die Kombüse sinkt

Der Kampf ist zu Ende, das Unheil nicht mehr abzuwenden. Während ein jeder über Bord springt, um Haut und Habe zu retten, versucht der Kapitän noch unter Einsatz seines Lebens, sein Logbuch an sich zu reißen. Die Männer haben längst ihre geliebten Marlspieker, Souvenirs und die letzte Flasche Rum zusammengesucht.

Und der Koch? Auch er ist ganz sicher für diesen Augenblick gerüstet. Lange vor Antritt der Reise hatte er in tiefster Verantwortung die Rettungsinsel geprüft und an einem leicht zugänglichen und sicheren Ort an Deck verstaut und festgelascht.

Der Kapitän hat zwar Schiff und Kombüse verloren, der Koch ist und bleibt jedoch auch weiterhin im Dienst. Wenn er mit wagemutigem Satz in die Rettungsinsel springt, hat er zuvor für das Wichtigste gesorgt: den Trinkwasservorrat! Er weiß nur zu gut, daß der menschliche Körper überraschend lange ohne Nahrung, doch nur recht begrenzte Zeit ohne Wasser auskommen kann. Wie lange ein Mensch ohne Flüssigkeitsaufnahme überleben kann, hängt natürlich von den verschiedensten Umständen ab. Die Obergrenze kann bei fast 10 Tagen liegen; Männer haben jedenfalls so lange ge- und überlebt, ohne nur einen einzigen Tropfen Wasser zu trinken.

Die weitaus meisten Rettungsinseln auf Yachten führen kein oder nur sehr wenig Trinkwasser mit sich. Um Deckplatz zu sparen, versuchen die Hersteller, ihre Produkte so klein wie eben möglich zu halten. Ein größerer Wasservorrat würde angeblich die Insel zu groß und unbequem werden lassen. Hier muß sich der Yachtsegler selbst helfen. Eine Trinkwasserreserve – gut und schnell erreichbar an Deck verstaut – ist fast ebenso lebenswichtig wie die Rettungsinsel selbst.

Wann immer wir einen Hafen verließen, hatten wir folgende Reserve an Bord: 3 oder 4 Plastikkanister waren in der Nähe der Rettungsinsel an Deck verstaut. Damit die Sonne das Plastik nicht hart und brüchig machen konnte, waren sie mit Segeltuch abgedeckt. Außerdem wurde so der Algenwuchs in den Behältern verhindert. Die Kanister waren nur zu 3/4 mit Wasser gefüllt und miteinander durch eine Leine gesichert. Das hat den Vorteil, daß sie schwimmen und nicht im Wasser auseinander- oder gar abgetrieben werden. Im Notfall hätte man sie so einzeln über Bord werfen und mit dem losen Ende am letzten Kanister an der Rettungsinsel festbinden können.

Ungeachtet der Menge Trinkwasser, die der Koch mit in die Rettungsinsel nehmen kann, ist er natürlich auch darauf vorbereitet, bei jeder Gelegenheit den vorhandenen Vorrat durch Regenwasser zu ergänzen.

Fast alle Rettungsinseln haben eine Regenauffangvorrichtung im Dach eingebaut. Doch leider lagert sich dort sehr schnell getrocknetes Salz ab, so daß der Regen erst einmal das Dach sauber waschen muß, ehe gutes Trinkwasser aufgefangen werden kann. Daher ist es ratsam, eine spezielle Plastikplane vorzubereiten, die durch einen kleinen Schlauchanschluß das aufgefangene Regenwasser direkt in einen Kanister weiterleitet. Diese Plane läßt sich, in einem wasserdichten Beutel verpackt, an einem der Wasserkanister festbinden.

Wie nahe man auch immer an der Küste oder Schiffahrtsroute treibt, schnelle Rettung ist nie gewiß. Daher sollte die Trinkwasserrationierung sofort beginnen. Die nötige Mindestmenge wird natürlich weitgehend von den Wetterverhältnissen bestimmt, doch gilt 1/2 Liter pro Mann und Tag als ausreichend.

Die Körperflüssigkeit zu erhalten, ist in einer Rettungsinsel oberstes Gesetz. Daher sollte man nach Möglichkeit einen Sonnenschutz bauen, Kopfbedeckung tragen, Kleider nicht ausziehen, den Körper bei Windstille mit Seewasser kühlen und sowenig Energie wie möglich verbrauchen oder gar verschwenden.

Wer sich mit Überlebensproblemen auf See befaßt, wird früher oder später eine Antwort suchen auf die Frage: Soll, kann oder darf ich Seewasser trinken?

Das englische Board of Trade läßt da keinen Zweifel aufkommen:

»Schiffbrüchige sollen niemals und unter keinen Umständen Seewasser trinken, das nicht vorher destilliert oder chemisch von Salz befreit wurde.«

Auf der anderen Seite wurde eine Reihe aufsehenerregender Reisen und lebensgefährlicher Abenteuer nur mit dem Ziel unternommen, den Beweis zu erbringen, daß Schiffbrüchige Salzwasser in kleinen Mengen gefahrlos trinken können. Der wohl bekannteste Verfechter dieser Auffassung dürfte Alain Bombard sein, der 1952 in einem Schlauchboot freiwillig den Atlantik überquerte, um seine Theorie zu beweisen.

»Jeder weiß, daß Seewasser gefährlich ist. In großen Mengen getrunken, führt es unweigerlich zum Tode durch › Nephritis ‹ (Nierenentzündung). ... Ich hatte vor, die nötige und ungefährliche Menge des täglichen Salzbedarfes in Form von Seewasser zu mir zu nehmen. Das bedeutete, daß ich ungefähr jeden Tag einen halben Liter Seewasser trinken konnte.

Das Problem war die Wirkung des Salzwassers auf die

Die eiserne Reserve

An Bord einer jeden Yacht sollte eine Notverpflegung für den Ernstfall verstaut sein, sei dies ein unerwarteter Sturm, ein ausgefallener Motor oder aber nur eine kurzfristige Urlaubsverlängerung in einer abgelegenen Bucht.

Die eiserne Reserve sollte folgende Grundnahrungsmittel enthalten: Milchpulver, Brot in Dosen oder Knäckebrot, Eintopfkonserven, Margarine, Honig, Marmelade, Zucker, Kekse, Gebäck und Zwieback, Schokolade, Haferflocken, Kartoffelpulver, Corned beef, Bier in Dosen, Fruchtsaft, Früchte in Dosen und Oliven.

Selbstverständlich müssen die Nahrungsmittel von Zeit zu Zeit geprüft, ersetzt und ergänzt werden.

›Malpigischen Teilchen‹. Dies sind die ersten Filter der Niere, und die werden besonders beansprucht, wenn sich im Körper eine ungewöhnliche Konzentration an mineralischen Salzen aufbaut. Die Frage war, wie lange können diese Teilchen arbeiten, ohne gefährliche Dauerschäden davonzutragen. Aus meinen Versuchen und Erfahrungen schien mir diese Spanne bei ungefähr 5 Tagen zu liegen. Danach wäre die Gefahr einer › Nephritis ‹ akut geworden.«

Bombard kontrollierte auf seiner 64-Tage-Reise seinen Salzwasserkonsum auf das genaueste und überlebte. Doch dies war ein vorbereitetes Experiment im Labor »Natur«, bei dem das psychische Trauma des Schiffbruches durch die Freiwilligkeit des Unternehmens völlig wegfiel. Außerdem trank Bombard zwischendurch immer wieder Regenwasser und besaß zudem auch eine ausreichende Menge versiegeltes Frischwasser (100 Liter), die ihm erlaubt hätte, seine Nieren jederzeit zu reinigen und vor Dauerschäden zu bewahren. Für einen unfreiwilligen Schiffbrüchigen sieht die Situation wesentlich anders aus. Er weiß nie, wann er aufgefischt werden wird, und ob er innerhalb der kritischen Zeitspanne von 5 Tagen gerettet sein wird. Sobald er aber erst einmal angefangen hat, seinen Durst aus dem Meer zu stillen, mag es doch recht schwierig – wenn nicht gar unmöglich – sein, nach 4 oder 5 Tagen abrupt aufzuhören, zumal der Durst immer stärker, der Wille schwächer wird, und der Körper mehr und mehr nach Wasser verlangt, um die Salzkonzentration in der Niere abzubauen.

Heftige Kritik an Anlage, Durchführung und Ergebnissen seines »Experimentes« erfährt Bombard denn auch von dem Hamburger Arzt Hannes Lindemann. Dieser hatte in den Jahren 1955 mit einem Einbaum in 119 Tagen und 1956 in einem Serienfaltboot in 72 Tagen allein den Atlantik überquert und dabei Salzwasser in verschiedenen Dosen und Konzentrationen getrunken. Lindemann erklärt:

»Versuche mit Salzwasser als Streckungsmittel unternahm ich vor allem bei meiner Fahrt mit dem Einbaum, als ich es in

154

verschiedenen Mengen von 200 ccm bis 500 ccm bei 500 ccm bis 750 ccm Süßwasser trank. Das Ergebnis: nach 24 Stunden schon begannen meine Füße anzuschwellen, in weiteren 36 Stunden breiteten sich Ödeme bis zu den Knien aus.«

Es gibt aber noch andere Quellen für die so lebenswichtige Flüssigkeit: die Fische. Thor Heyerdahl, der mit seinem Floß »Kon Tiki« den Pazifik überquerte, schreibt dazu in seinem Buch:

»Flüssigkeit gewinnt man auch, indem man Fischstücke in einem Tuch ausdrückt, oder, sollte der Fisch groß genug sein, schneidet man einfach größere Schnitte in beide Seiten, die sich dann sehr bald mit Lymphflüssigkeit füllen. Es ist nicht gerade ein guter Geschmack, aber der Salzgehalt ist gering, und man kann den Durst stillen.«

Einige Schiffbrüchige, wie die Baileys, die 117 Tage im Pazifik trieben, und die Robertson-Familie, die 37 Tage in einer Rettungsinsel überlebte, haben diese Methode ebenfalls erfolgreich angewandt. Doch auch dagegen hat Lindemann einzuwenden:

»Ich kaute solange auf dem (mit Fischstücken) gefüllten Beutel herum, bis zwar wohl Fischmus durch die Löcher trat, aber keine Lymphe. Hingegen gewann ich frisches Wasser aus Augen, Blut und Spinalflüssigkeit der Fische.«

Die Gegenüberstellung dieser doch recht unterschiedlichen Erfahrungen und Meinungen soll zeigen, daß es auch bei »Fachleuten« bis heute keine einheitlich anerkannten Antworten gibt.

Aus den schon erwähnten Gründen sind Rettungsinseln auch nur recht ungenügend mit Nahrungsmitteln versehen. Meist besteht die Notverpflegung aus vacuumverpacktem, vitaminisiertem Brot mit einem hohen Anteil an Proteinen und Traubenzucker, das beim Verdauungsvorgang nur wenig Flüssigkeit verbraucht.

Wem diese industriell hergestellte Verpflegung vielleicht zu teuer, nicht erreichbar oder nicht abwechslungsreich genug sein sollte, kann sich ohne größere Schwierigkeiten selbst eine

 Kartoffelsaft-Cocktail

Kartoffeln – ein Grundnahrungsmittel auch auf jeder Cruising-Yacht – enthalten reichlich Vitamine C, B1, B2 und B6. Doch leider gehen diese wertvollen Bestandteile beim Kochen völlig verloren.

Der Saft von einem halben Pfund roher und ausgedrückter Kartoffeln jedoch liefert dem Körper diese täglich benötigten Vitamine in ausreichender Menge. Der Saft sollte sofort getrunken werden. Er schmeckt anfänglich vielleicht nicht gerade besonders gut, doch er kann sogar wegen des hohen Anteils an Alkaloiden und organischen Säuren als Medizin bei Krämpfen und Magenübersäuerung gereicht werden.

Notverpflegung aus dehydrierten Lebensmitteln, bitterer Schokolade, ungesalzenen Nüssen, Honig, Kondensmilch, Erdnußbutter, Rosinen und Traubenzucker zusammenstellen.

Da Wasser zweifellos wichtiger ist als Nahrung, wurde auf verschiedenen Schiffssicherheitskonferenzen sogar schon der Vorschlag gemacht, bei der serienmäßigen Ausstattung der Rettungsinseln völlig auf Lebensmittel zu verzichten und dafür Trinkwasser in größeren Mengen mitzuführen.

Das Meer selbst ist eine unerschöpfliche Vorratskammer und bietet eigentlich Nahrung im Überfluß. Die Frage ist nur, wie lassen sich die Früchte aus »Neptuns Garten« auch ernten.

Schiffbrüchige haben sich immer wieder beklagt über unzureichendes oder gar fehlendes Angelzeug. Auch wenn sie Haken und Schnur hatten, vermißten sie besonders Harpune und Speer. In fast allen Fällen wird von genügend Fischen um und unter der Rettungsinsel berichtet, doch diese schienen die Angelhaken und Köder nur selten zu beachten. In der Not konnten dann sogar Fische mit dem Taschenmesser oder der Hand gefangen werden.

Es soll nur kurz erwähnt werden, daß es im offenen Meer so gut wie keine giftigen Fische gibt und die Gefahr einer Vergiftung somit nicht besteht. Herz, Leber, Gehirn, Rogen – fast alles kann roh gegessen werden und ist im Geschmack meist besser und auch nahrhafter als das eigentliche Fleisch. Obwohl Fisch schnell verdirbt, haben Schiffbrüchige Fisch noch nach 24 Stunden unbeschadet gegessen. Allerdings sollte man den Fisch nicht der prallen Sonne aussetzen.

Neben Essen und Trinken spielt die Moral und seelische Verfassung eine wesentliche Rolle:

»Die moralische Haltung ist der wichtigste Faktor zum Überleben in einem Rettungsboot. Panik, Verzweiflung führen unweigerlich zur Selbstzerstörung.« (*Hannes Lindemann*)

Es besteht wohl kein Zweifel – und die Schilderungen Überlebender bestätigen es immer wieder –, daß nach einer gewissen Zeit im Rettungsboot nur noch ein übertriebener Optimismus, auch wenn er noch so unberechtigt sein mag, den Schiffbrüchigen hilft, am Leben zu bleiben. Man darf sogar behaupten, nur wer fähig ist, sich geistig aus seiner Notlage zu befreien, das Unglück aus einem gewissen Abstand zu sehen, darüber zu witzeln und zu spotten, hat eine Chance zum Überleben. Ein gerüttelt Maß Humor kann in einem solchen Falle vielleicht weit nahrhafter und lebenserhaltender sein als ein Steak. Zum Beweis möchte ich Dougal Robertson anführen, der es nach 37 Tagen in einer Rettungsinsel eigentlich wissen dürfte:

»Wenn auch nur ein einziger Einfluß der Zivilisation einem Schiffbrüchigen zu überleben hilft, dann ist es ein gut ausgeprägter Sinn für das Lächerliche.«

 <u>Reis als</u>
<u>Trockenmittel</u>
Nicht nur Salzstreuer bleiben durch einige Reiskörner »gangbar«, auch Fotoausrüstungen, Kasettensammlungen und Radios können vor Feuchtigkeit geschützt werden:

Eine Handvoll Reiskörner in einer trockenen und sehr sorg-

fältig gereinigten Pfanne braun rösten. In ein Taschentuch oder einen selbstgeschneiderten Beutel füllen und in Kamerakoffer, Filmtasche oder »Musikschrank« legen. Wird der Reis nach einiger Zeit feucht, wegwerfen und den Vorgang mit neuem Reis wiederholen.

 <u>Joghurt</u> *ist sehr erfrischend, gesund, leicht zu verdauen und auch an Bord problemlos herzustellen. Mit einem Becher Joghurt kann man eine eigene »Produktion« starten:*

2 Tassen Milch (Frisch- oder Trockenmilch) erhitzen und dann mit 3 EL Gelatine, die in ein wenig warmem Wasser aufgelöst wurde, mischen.

2 Tassen kalte Milch und 3 EL des gekauften Joghurts dazugeben. In ein Glas gießen, gut verschließen, in ein Handtuch wickeln und 8–10 Stunden stehen lassen.

Relativ kühl gelagert, hält sich der selbstgemachte Joghurt 3–4 Tage und kann als Basis für »weitere Produktionen« dienen.

Noch ein letzter Gedanke sei angeführt, der vielen kalte Schweißperlen auf die Stirn zaubern dürfte. Einhandseglern wird sich diese Problematik wohl kaum stellen; doch wir, die wir uns vielleicht eines Tages mit dem einen oder anderen unserer lieben Mitmenschen in einer Rettungsinsel wiederfinden, könnten damit konfrontiert werden.

Vor einigen Jahren gab ein junges Paar im Mittelmeer seine sinkende Yacht auf und stieg in eine Rettungsinsel. Nach einer Woche ohne Essen und Trinken begannen beide, sich auf die sonderbarste Art und Weise anzustarren und sich absonderliche Fragen zu stellen:

»Welches Stück soll ich denn nun wählen? Mir stand der Sinn nach Kotelett, doch da war wohl recht schwierig ranzukommen. Was sonst? Der Hintern war nicht so recht appetitanregend. Ich wunderte mich, wo denn die Steaks im menschlichen Körper seien. Oder war es nicht viel einfacher, ein Stück aus dem Schenkel zu schneiden? Vielleicht könnte ich ja auch das ganze Blut aussaugen? Doch wie sollte ich das anstellen?

Über derlei Probleme dachte ich stundenlang nach.«
(Jacques Vignes, »Zwölf Tage hat die Hoffnung«)

Auch wenn in einem solchen Falle die Frage auftaucht »wer zuerst«, braucht ein Koch noch lange nicht besorgt zu sein oder sich zu ängstigen – auch hier bleibt er bis zum Schluß im Dienst!

»Sagt der Koch:
Dear James – töricht wäre es von Ihnen, mich zu töten,
Sie wissen selbst, beim Kochen kommen Sie in arge Nöten.
Verspeisen kann ich Sie jedoch –
und zubereiten – ich bin ja Koch!«
(Sir William Schwenk Gilbert, »The Yarn of the Nancy Bell«)

KAPITEL 17

Rum – das war sein letztes Wort

Der Seemannsgrog

2. Oft scheint es mir nur purer Spott, / Von unserm lieben Herregott, / Daß er das große, tiefe Meer / Mit Wasser füllt bis oben her.

3. Wenn ich der liebe Herrgott wär', / Ich machte mir ein and'res Meer, / Weil es kein richt'ger Fahrensmann / Vor Bittersalz genießen kann.

4. In diesem Punkt bin ich nicht dumm. / Ich spräche: Weltmeer, werde Rum! / Ihr Flüsse aber, groß und klein, / Ihr sollt das klarste Wasser sein.

5. Jedwede Insel in der Flut, / Die werde gleich ein Zuckerhut! / Ein Donnerwetter schlage drein, / Daß alle großen Stücke klein!

6. Dann rief ich einen Sturm herbei, / Mir umzurühren diesen Brei. / Ich schwämme dann gemutlich drauf — — / Potz Wetter! Welch ein Lebenslauf!

Kochs-Punsch

1 FLASCHE RUM ODER COGNAC

10 EIER

1/2 PFUND ZUCKER

2 FLASCHEN SPRUDEL

ABGERASPELTE ZITRONENSCHALE

Alle Bestandteile in einem großen Topf mischen. Bei kleiner
Flamme erhitzen und mit dem Schneebesen schlagen. Beginnt
die Schaumbildung, vom Feuer nehmen und servieren.

Captain-Punsch

2 FLASCHEN WEISSWEIN

1/2 FLASCHE RUM

1/2 PFUND ZUCKER

SAFT VON 3 ZITRONEN

4 TASSEN WASSER

Das Wasser erhitzen und den Zucker darin vollständig auflösen. Wein und Rum hinzugießen. Kann heiß oder kalt serviert
werden.

Admirals-Punsch

1 FLASCHE SEKT

1 GLAS COGNAC

1 GLAS CURAÇAO

1 EL ZUCKER

2 FLASCHEN SODAWASSER

Nach Möglichkeit mit Eis servieren.

Piraten-Punsch

1 FLASCHE RUM
1 FLASCHE SHERRY
1 LITER GRÜNER TEE
1/2 FLASCHE WHISKY
SAFT VON 2 APFELSINEN
SAFT EINER ZITRONE

Alles gut mischen und vor dem Servieren einige Stunden ziehen
lassen.

Fischhaus-Punsch

1 FLASCHE LEICHTER RUM
1/2 FLASCHE WEINBRAND
4 FINGER PFIRSICHLIKÖR
SAFT VON 2 ZITRONEN
2 TASSEN WASSER
1/2 TASSE ZUCKER

Wasser, Zitronensaft und Zucker mischen. Dann Rum,
Weinbrand und Pfirsichlikör dazugießen und einige Stunden
ziehen lassen. Nach Möglichkeit kalt servieren.

Kaffee-Punsch

10 TASSEN STARKER KAFFEE
1 FLASCHE PORTWEIN
1 FLASCHE RUM
1/2 PFUND BRAUNER ZUCKER

Kaffee, Wein und Rum in einem Topf erhitzen, doch nicht
kochen lassen. Langsam Zucker dazumischen. Heiß servieren.

Bootsmanns-Punsch

2 FLASCHEN GIN

1 FLASCHE WEISSWEIN (TROCKEN)

1/2 FLASCHE TAFELWASSER

1 FINGER PERNOD

Gut mischen und 10 Minuten ziehen lassen. Kalt servieren.

Virgin-Island-Punsch

2 FLASCHEN RUM

1 FLASCHE COGNAC

1 TASSE PFIRSICHLIKÖR

1 FLASCHE ZITRONENLIMONADE

1 LITER TEE

2 TASSEN ZUCKER

Nach Möglichkeit mit Eis servieren.

Klavierspielers Eierflip

6 EIER

1/2 FLASCHE WHISKY

1/2 FLASCHE RUM

1/2 LITER SAHNE

1 LITER MILCH

1/2 PFUND ZUCKER

Eigelb und Eiweiß trennen. Eigelb leicht schlagen und den Zucker langsam dazugeben. Mit Rum, Milch und Sahne vermischen. Dann erst den Whisky dazuschütten und das steif geschlagene Eiweiß einrühren. Möglichst kalt servieren.

Anmerkung: Whiskymenge kann reduziert und durch Cognac ersetzt werden.

 <u>Trinkwasserpflege</u>
Auf dem Markt sind seit einiger Zeit Chemikalien erhältlich, die Wassertanks, Schläuche und Schlauchverbindungen des Wassersystems an Bord reinigen und das Trinkwasser selbst entkeimen und haltbar machen. Diese Mittel arbeiten ohne Zusatz des gefährlichen und den Geschmack verändernden Chlors. Sie werden in Tabletten- und Pulverform angeboten und sind recht sparsam im Verbrauch. So genügen schon 2–5 Gramm, um 100 Liter Trinkwasser zu entkeimen und konservieren.

Focksel-Punsch

1 FLASCHE BRANDY

1 FLASCHE WEISSWEIN

1/2 FLASCHE RUM (BRAUN)

4 EL ZUCKER

SAFT VON 10 ZITRONEN

Gut mischen und eine halbe Stunde ziehen lassen. Kalt servieren.

Murmansk-Kaffee-Punsch

1 FLASCHE ROTWEIN

1/2 FLASCHE WODKA

6–8 TASSEN STARKER KAFFEE

1 TASSE ZUCKER

Wein, Wodka und Kaffee mischen. Langsam erhitzen und Zucker einrühren. Heiß servieren.

KAPITEL 18

What shall we do with the drunken sailor?

»12 Seeleute, die bei einem ausschweifenden Zechgelage Rum und Brandy übermäßig zugesprochen hatten, waren gestern Abend gegen 20 Uhr in der ›Captain Cook Bar‹ in einen hitzigen Streit verwickelt.

Wie unser Informant berichtet, ereignete sich der Zwischenfall, als die Mannschaft des Motorschiffs NANA die Männer des Frachtenseglers FREIHEIT beschuldigte, ihren Koch entführen zu wollen. Eine handfeste Prügelei brach aus, und die Hafenpolizei mußte gerufen werden. Erst als Verstärkung vom nahegelegenen 4. Polizeirevier eintraf, konnte Ruhe und Ordnung wiederhergestellt werden.

Die Seeleute verbrachten die Nacht in der Ausnüchterungszelle des Hafengefängnisses. Als 1200 DM Schadenersatz an den Besitzer der Bar gezahlt worden waren, wurden die Männer in die Obhut und Verantwortung ihrer Köche entlassen.

Anzeigen wurden nicht erstattet.«

 Frischer Fisch

Fische und andere Meerestiere sind sehr leicht verderbliche Nahrungsmittel. Der Zerfall setzt unmittelbar nach der Tötung oder Entnahme aus dem Wasser ein. Deshalb frischen Fisch sofort ausnehmen, in Frischwasser waschen, kühl lagern und nach Möglichkeit sehr bald verarbeiten.

Beim Kauf auf dem Markt folgendes beachten: Frischer Fisch ist fast geruchlos. Man erkennt ihn an klaren Augen, festem Fleisch, rosaroten bis rötlichen Kiemen und »durchsichtigem klaren Schuppenkleid«.

Sonnenaufgang

2 FINGER COGNAC

1 FINGER CURAÇAO

3 FINGER MILCH

1 EI

1 EL ZUCKER

Morgenröte

3 FINGER SCOTCH

1 EL PERNOD

SAFT EINER ZITRONE

1 EIWEISS

2 EL ZUCKER

Helfende Hand

1 FINGER WODKA

1 GLAS TOMATENSAFT

1 BECHER JOGHURT

1 KNOBLAUCHZEHE, ZERDRÜCKT

SPRITZER WORCESTERSAUCE

SPRITZER TABASCO

SALZ UND PFEFFER

Nelson-Kaffee

1 TASSE KAFFEE, HEISS UND STARK

2 FINGER COGNAC

2 EL ZUCKER

STÜCK APFELSINENSCHALE

SPRITZER ZITRONENSAFT

Flüssiges Frühstück

1 GLAS MILCH

1 BANANE, ZERDRÜCKT

1 EI

1 TL ZUCKER

SPRITZER ZITRONENSAFT

EIS — WENN MÖGLICH

 Fleisch-
aufbewahrung

Zwei bewährte Methoden
*1. Fleisch in schmale Streifen
schneiden und in der Pfanne
braten. Fett abgießen, abkühlen
lassen und die Fleischstreifen in
eine Blech- oder Plastikdose
legen. Eine Schicht Schmalz
darüberstreichen und somit
luftdicht abschließen. Sollte nur
ein Teil des Fleisches später
gebraucht werden, kann der
verbleibende Rest durch
erneutes Überstreichen mit
Schmalz weiterhin haltbar*
gemacht werden.
*2. Fleisch in Scheiben schneiden,
mit grobem Salz bestreuen und
zum Trocknen in die Sonne
legen. Mehrmals wenden und
salzen. Das angetrocknete
Fleisch auf eine Schnur reihen
und zwischen die Wanten
hängen. Ist das Fleisch hart und
trocken, an einem luftigen Platz
an Bord verstauen. Jede Woche
einige Stunden in die Sonne
hängen. Vor Gebrauch 24
Stunden in Frischwasser
weichen, Wasser mehrmals
wechseln.*

Bloody Mary

1 GLAS TOMATENSAFT

2 FINGER WODKA

1 EL ZITRONENSAFT

SPRITZER WORCESTERSAUCE

SALZ UND PFEFFER

Huevos Rancheros

6 EIER

1 ZWIEBEL, KLEINGEHACKT

1 DOSE TOMATENMARK

1 PAPRIKASCHOTE, KLEINGEHACKT

3 EL BUTTER ODER MARGARINE

1 DOSE PILZE

1/2 TL CHILLIPULVER

SALZ UND PFEFFER

In einer Pfanne werden die Zwiebeln in Butter glasig gedünstet.
Tomatenmark, Paprikaschote, Chillipulver und schließlich
die Eier dazugeben. Pilze darüberstreuen, Pfanne zudecken und
bei kleiner Flamme backen.

 Zeitung hält die
Kombüse sauber

*Beim Braten in der Pfanne, be-
sonders wenn das Öl und Fett
sehr heiß sein soll (bei Fleisch,
Pfannkuchen oder Pommes
frites), läßt es sich kaum vermeiden, daß Fettspritzer die
Umgebung des Kochers dreckig
und fettig machen. Weißge-
strichene Decken, frisch gelackte Wände und auf Hochglanz
polierte Bullaugen werden so in
kleinen Bootskombüsen immer
wieder schnell klebrig, schmie-
rig und unansehnlich.*

*Dies kann man weitgehend
verhindern, indem man beim
Braten eine gefaltete Zeitung
über die Pfanne legt, die dann
die Fettspritzer aufsaugt.*

*Natürlich gilt es besonders
aufzupassen und die Zeitungs-
ecken abzuschneiden oder ein-
zuschlagen, damit sie kein Feuer
fangen können.*

 <u>Kochen mit</u>
<u>Salzwasser</u>
Frischwasser an Bord ist kost-
bar und darf nicht vergeudet
werden. Aus Sparsamkeits-
gründen kann man ohne
Probleme und Geschmacks-
einbuße Reis, Kartoffeln und
Nudeln in Salzwasser oder einer
Mischung von Salz- und Frisch-

wasser kochen.
*   Kartoffeln sollten ungeschält*
gekocht werden. Reis und
Nudeln können leider etwas
klebrig werden. Auch Gemüse
kann in einem Wassergemisch
gekocht werden, und beim
Brotbacken kann so wertvolles
Süßwasser gespart werden.

Heringsburger

4 SALZHERINGE

2 MITTELGROSSE ZWIEBELN

150 GRAMM SPECK

4 HARTGEKOCHTE EIER

2 GURKEN

Die Salzheringe werden über Nacht gewässert. Dann gut
reinigen und möglichst von allen Gräten befreit in kleine Stücke
hacken. Alle übrigen Zutaten ebenfalls sehr klein schneiden
oder hacken, mit den Heringen mischen und zu kleinen
Frikadellen formen.

Panierte Zwiebeln

6 KLEINE ZWIEBELN

1 EI

2 EL BUTTER ODER MARGARINE

1 TASSE PANIERMEHL

SALZ

Die Zwiebeln in gesalzenem Wasser weich kochen und auf
einem Sieb oder Küchenpapier abtrocknen lassen. In dem
geschlagenen Ei wälzen, mit Paniermehl bestreuen und in der
Pfanne braun braten.

Knoblauchsuppe

8–10 KNOBLAUCHZEHEN, ZERSTAMPFT

1/3 TASSE OLIVENÖL

2 TASSEN BROTKRUMEN ODER PANIERMEHL

1 TL PAPRIKA

4 TASSEN WASSER

2 EIER, GESCHLAGEN

HANDVOLL PETERSILIE

ODER SCHNITTLAUCH

1/4 TL CAYENNE-PFEFFER

In einem Topf den Knoblauch weich dünsten. Paniermehl,
Paprika, Cayenne-Pfeffer dazugeben und mit Wasser zum
Kochen bringen. 10 Minuten bei kleiner Flamme ziehen lassen.
Eier einrühren. Petersilie daraufstreuen und servieren.

Rotes Kreuz

1 GLAS TOMATENSAFT

2 FINGER GIN

1 EIGELB

PRISE SCHWARZER PFEFFER

PRISE SELLERIESALZ

 Brotbacken
an Bord
*Wenn die Mannschaft des
harten Schiffszwiebacks und des
trockenen Dosenbrotes müde
geworden ist, muß der Koch
seine Kombüse in eine Bäckerei
verwandeln. Brotbacken ist
einfach und erfordert keine
großen Vorkenntnisse. Die
Hauptbestandteile sind Mehl,*

*Hefe, Milch oder Wasser,
Zucker, Salz, Butter oder etwas
Öl. Durch Ändern der Anteile
können ohne viel Aufwand
Brötchen, Biskuits und Kuchen
gebacken werden.*

*Wenn der Duft von frisch
gebackenem Brot durch das
Boot zieht, hat sich die Mühe
schon gelohnt.*

Letzte Rettung

2 EINGELEGTE HERINGE,
KLEINGESCHNITTEN
2 ZWIEBELN, FEINGEHACKT
1 GURKE, IN SCHEIBEN
1 APFEL, IN WÜRFEL GESCHNITTEN
2 EL ÖL
1 EL ESSIG
1/2 TASSE MILCH
1 EL MAYONNAISE
DILL
PFEFFER UND SALZ

Äpfel, Zwiebeln, Heringe und Gurke kleinschneiden und
mischen. Eine Sauce aus Öl, Essig, Milch, Mayonnaise, Salz
und Pfeffer rühren und über die Heringe gießen. Möglichst
lange ziehen lassen, am besten über Nacht. Dill darüberstreuen und auf Toast servieren.

173

Epilog

Sollte Ihnen aus schier unerklärlichen Gründen das eine oder andere Gericht nicht so recht gelingen, möchten wir uns an dieser Stelle für das zukünftige Mißgeschick entschuldigen.

In einer aufregenden und turbulenten Karnevalsnacht in Brasilien ereignete sich an Bord ein kleiner Unfall, und fast eine Gallone hochwertiger Zuckerrohrschnaps ergoß sich, sehr zu unserem Leidwesen, über unsere mit viel Fleiß und Mühe zusammengetragenen Rezepte und Notizen und machte einige Seiten fast unleserlich.

Da wir aber gerade an einem neuen Meisterwerk für seefahrende Köche schreiben, mit dem Titel »Große Kulinarische Unglücke im 19. und 20. Jahrhundert«, würden Sie uns in diesem Falle eine große Hilfe erweisen, wenn Sie uns Ihre Erfahrungen mit unseren Rezepten und Kochanleitungen mitteilen würden.

Zum guten Schluß wollen wir uns auch noch bei allen Kapitänen dieser Welt entschuldigen. Sollten wir hier und da ein wenig übertrieben haben oder zu »offen« gewesen sein – es war bestimmt (nicht) unsere Absicht. In diesem Falle schlagen wir vor, daß Sie sich mit der eines Kapitäns würdigen Eile in die Kombüse begeben, sich mit aufgerollten Hemdsärmeln Ihrer Mannschaft vorstellen und ohne große Vorrede einfach zu kochen anfangen.

Der Koch ist zwar Kapitän – was es zu beweisen galt –, doch warum sollte nicht auch der Kapitän Koch sein?

Rezepte
nach Kapiteln geordnet

AUS DER WINDJAMMER-PANTRY

EIN BOOT VOLLER LANDRATTEN

DER GROSSE FISCHFANG

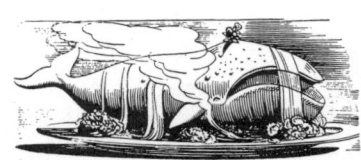

EIN WOCHENENDTÖRN

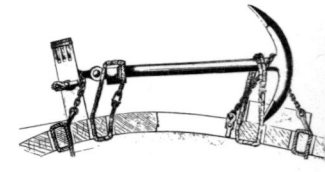

KINDER AN BORD

EINE WOCHE AUF SEE

Rezepte	Pers.	Zube-reitung Min.	Seite
Biersuppe	4	35	66
Käsesuppe	4	25	66
Apfelkrautsalat	4	15	67
Kieler Heringsauflauf	4	30	67
Fischtiegel	4	45	68
Fischburgers	4	20	68
Thunfisch-Spaghetti-Sauce	4	20	69
Eier und Zwiebeln	4	40	69
Blumenkohl-Laib	6	60	70
Seeigel	2	10	70
Margaritas Eiersalat	4	10	71
Schinken und Bananenreis	4	20	71
Strandgut	4	15	72
Fahrtenseglerbrot	6	45	72
Heliosas Gebäck	4	60	73
Zuckerguß	4	15	73

WENN DIE KOMBÜSE ROLLT

FÜR SEEKRANKE SEEBÄREN

KAPITEL 9

STERNSTUNDEN DES SEGELNS

AM STRAND

DER KOCH ALS FRIEDENSSTIFTER

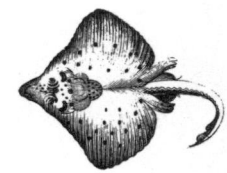

KAFFEE AUF DEM ACHTERDECK

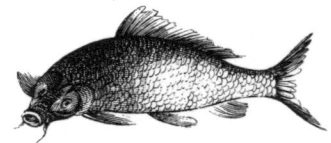

EINE SEEJUNGFER KLETTERT AN BORD

AUF HUNDEWACHE

PASSAT-KÜCHE

KAPITEL 17

RUM – DAS WAR SEIN LETZTES WORT

Rezepte	Pers.	Zube-reitung Min.	Seite
Kochs Punsch	10	20	162
Captain-Punsch	10	15	162
Admirals-Punsch	10	5	162
Piraten-Punsch	10	60	163
Fischhaus-Punsch	10	60	163
Kaffee-Punsch	10	10	163
Virgin-Island-Punsch	10	10	164
Klavierspielers Eierflip	10	25	164
Bootsmanns-Punsch	10	15	164
Murmansk-Kaffee-Punsch	10	10	165
Focksel-Punsch	10	30	165

WHAT SHALL WE DO
WITH THE DRUNKEN SAILOR?

Tips und Ratschläge

Verpflegung

Fische und Angeln

Krankheit

Proviantieren und Verstauen

Die Kombüse

Wasser

Verzeichnis der Rezepte

Biskuits

Brot

Desserts

Eier- und Käsegerichte

Fische und Meerestiere

Fleisch und Geflügel

Gemüse

Gesundheitsdrinks

Grogs

Reis

Salate

Sandwiches

Krabbenbrot	55
Reubin-Sandwich	28
Roquefort-Sandwich	28
Tobago-Sandwich	28
Warmes Bier-Sandwich	138

Sandwich-Aufstriche

Lachsstücke	29
Sardische Sardinen	29
Taragona Thuna	29

Saucen

Béchamelsauce	38
Chimichurri	102
Cocktailsauce	37
Currybutter	36
Currysauce	39
Estragonbutter	36
Fisch-Barbecue-Sauce	102
Fischpanade	41
Fischsauce »Hawaii«	38
Knoblauchbutter	36
Kräuterbutter	36
Mayonnaise	37
Sauce Hollandaise	40
Senfbutter	36
Steak-Butter	104
Süß-saure Sauce	40
Tartaren-Sauce	38
Tausend-Inseln-Sauce	39
Thunfisch-Spaghetti-Sauce	69

Suppen

Süßigkeiten

Tee

Teigwaren

DIE SCHÖNEN SEITEN DES SEGELNS:
BÜCHER DER EDITION MARITIM